SEBASTIAN VIGL · NICO SCHACK · ANNE BRÜNNERT

# Das Hanf- und CBD-Gesundheits-kochbuch

Mit Anleitung: CBD-Speiseöle herstellen und anwenden

## Heilsames Kochen mit der Cannabis-Pflanze und Cannabidiol (CBD)



humboldt

4 VORWORT

7 DIE GESUNDHEITLICHEN WIRKUNGEN VON HANFLEBENSMITTELN UND CANNABIDIOL (CBD)

8 **Körper und Geist ganzheitlich unterstützen mit dem Endocannabinoid-System**
8 Auf der Suche nach einer neuen Medizin
10 Der Mensch und die Hanfpflanze – eine turbulente Beziehung
13 Das Endocannabinoid-System: Wir produzieren cannabisähnliche Wirkstoffe

17 **Der natürliche Wirkstoff Cannabidiol (CBD)**
17 Das Comeback der Hanfpflanze
18 CBD unterstützt das Endocannabinoid-System
20 Die Wirkung von CBD auf andere Körpersysteme
22 Die Therapie mit CBD

24 **CBD in die Ernährung integrieren**
24 Mahlzeiten mit CBD-haltigem Öl anreichern
26 Über die Wirksamkeit von niedrig dosiertem CBD

29 **Nahrungsmittel aus der Hanfpflanze**
30 Hanföl
32 Hanfsamen
36 Hanfprotein und Hanfmehl
38 Nutzhanftee
40 Hanfblattpulver
42 Rezepte mit Hanflebensmitteln

44 **Das CBD-Speiseöl anreichern mit dem Entourage-Effekt**
44 Der Entourage-Effekt verstärkt die Wirkungen von CBD
45 So finden Sie die richtige Ergänzung für Ihr CBD-Speiseöl
48 Hopfen für mehr Entspannung und erholsamen Schlaf
52 Mit Lavendel gegen Angst und Unruhe
55 Orangenschale für gute Laune und starke Nerven
58 Rosmarin für mehr Konzentration und Wachheit
60 **Das Endocannabinoid-System pflegen – die Wirkung von CBD verstärken**
63 Massagen steigern unsere Anandamid-Spiegel
65 Rohkakao nährt das Endocannabinoid-System
68 Bewusstes Kauen für weniger Stress
69 Die Darmflora unterstützen
73 Den Kontakt mit belastenden Chemikalien reduzieren
75 **Wichtige Hinweise für die Anwendung des CBD-Speiseöls**

81 **REZEPTE FÜR EINE GESUNDE HANFKÜCHE**
82 **CBD-Speiseöl und seine Varianten**
90 **Frühstück**
98 **Brot und Kuchen**
106 **Suppen, Salate und Snacks**
118 **Hauptgerichte**
128 **Desserts**

134 **ANHANG**
134 **Bezugsadressen**
136 **Internetseiten**
136 **Zum Weiterlesen**
137 **Wissenschaftliche Publikationen**

# VORWORT

Liebe Leserin, lieber Leser,

wahrscheinlich haben Sie schon manches über den Hanfwirkstoff Cannabidiol (CBD) gelesen und wahrscheinlich klang einiges davon vielversprechend. Vielleicht haben Sie sich gefragt, ob CBD auch Ihnen nutzen könnte und wie Sie es anwenden sollten. Wir, die Autoren dieses Buches, beschäftigen uns seit einigen Jahren mit den verschiedenen Wirkungen von Hanf und seinen Inhaltsstoffen wie CBD. Unterschiedliche berufliche Hintergründe und Interessen brachten uns mit der Hanfpflanze in Kontakt, wir haben uns ihr als Pflanzenheilkundler, als Gastronom und als begeisterte Köchin und Food-Bloggerin genähert.

Seit vielen Generationen wird Hanf als Lebens- und Heilmittel genutzt, durch die moderne Forschung verfügen wir heute über eine genaue Vorstellung darüber, wie diese Heilpflanze wirkt. Wir können nachvollziehen, wie ihre Inhaltsstoffe beschaffen sind und auf welche körperlichen Prozesse sie einwirken. Dieses Wissen erlaubt es uns, Hanfwirkstoffe wie CBD nicht nur effektiv und gut verträglich einzusetzen, es eröffnet uns auch Wege, die Wirkung von CBD zu optimieren.

In diesem Buch zeigen wir Ihnen, wie Sie Cannabidiol für Ihre Gesundheit nutzen und die Wirkung von CBD verstärken können. Dabei spielen neben diversen Hanflebensmitteln wie Hanföl oder Hanfmehl auch Empfehlungen für einen Lebensstil eine Rolle, denn damit können Sie das sogenannte Endocannabinoid-System stärken, über das CBD seine Wirkung entfaltet.

Sebastian Vigl ist Heilpraktiker in Berlin, als Heilpflanzenkundiger ist sein therapeutischer Schwerpunkt der Einsatz von Arzneipflanzen und deren Inhaltsstoffen. Daher verfolgt er mit großem Interesse die moderne Arzneipflanzenforschung, die zu mancher Wiederentdeckung vergessener Heilpflanzen führt. Hanf ist hierfür ein gutes Beispiel: Aktuelle Studien erlauben den zielgerichteten Einsatz von Cannabis und seiner Wirkstoffe wie CBD. Zusammen mit seiner Praxiskollegin Anne Wanitschek hat Sebastian Vigl bereits das Buch „Cannabis und Cannabidiol (CBD) richtig anwenden" veröffentlicht, das mittlerweile in einer zweiten, aktualisierten Auflage erhältlich ist. In dem vorliegenden Buch ist er für das erste Kapitel zuständig, in dem er Ihnen die wichtigsten theoretischen Grundlagen näherbringt, die Sie für das heilsame Kochen mit CBD und Hanf wissen sollten.

Im praktischen Teil des Buches bekommen Sie viele Inspirationen, wie Sie CBD und auch andere Hanfprodukte mit wenig Aufwand in Ihre tägliche Ernährung integrieren können. Zentrale Bedeutung hat dabei unser CBD-Speiseöl, das Sie ganz einfach selbst herstellen können und das für die Rezepte verwendet wird. Diese vielfältigen Rezepte stammen von Nico Schack und Anne Brünnert. Nico Schack gründete 2019 das Café Canna – Berlins erstes Hanf-Café –, um dazu beizutragen, das Image der Pflanze wieder ins rechte Licht zu rücken. Anne Brünnert ist eigentlich Beraterin für Social Media und Webauftritte – steht aber auch gerne mal in der Backstube des Café Canna. Mittlerweile produziert das Team vom Café Canna in enger Zusammenarbeit mit Hanfbauern aus der Region hochwertige Hanf- und CBD-Produkte in seiner Manufaktur.

Wir wünschen Ihnen eine angenehme Lektüre und viel Freude beim Kochen mit Hanf und CBD!

***Sebastian Vigl, Nico Schack und Anne Brünnert***

P.S. Mit dem Gutschein-Code: „Kochbuch" bekommen Sie 10 Prozent Rabatt auf Ihre erste Bestellung im Onlineshop des Café Canna: www.cafecanna.de

# DIE GESUNDHEITLICHEN WIRKUNGEN VON HANF-LEBENSMITTELN UND CANNABIDIOL (CBD)

„Eure Nahrungsmittel sollen eure Heilmittel und eure Heilmittel sollen eure Nahrungsmittel sein", lautet ein Spruch des altgriechischen Arztes Hippokrates. Es ist nicht belegt, ob er das wirklich gesagt hat, woran jedoch niemand zweifelt, ist die Sinnhaftigkeit der Aussage. Mit unserer täglichen Ernährung legen wir den Grundstein für Gesundheit und Genesung. Ein wichtiges Heilmittel, das wir zum Nahrungsmittel machen können, ist die Hanfpflanze. Ihre Inhaltsstoffe wie CBD nähren und stärken entscheidende körperliche und geistige Prozesse, wovon sowohl Gesunde als auch Menschen mit Erkrankungen oder chronischen Beschwerden profitieren können.

## Körper und Geist ganzheitlich unterstützen mit dem Endocannabinoid-System

In den letzten Jahrzehnten haben wir durch die Cannabis-Forschung nicht nur viel über die alte Heil- und Nutzpflanze Hanf erfahren. Wir haben auch einiges Neues über uns gelernt. Wussten Sie zum Beispiel, dass Sie gerade cannabisähnliche Stoffe in Ihrem Körper produzieren? Diese sind essenziell für Ihre Gesundheit und ein wichtiger Aspekt, damit wir die Heilkraft von Cannabiswirkstoffen wie CBD verstehen.

### Auf der Suche nach einer neuen Medizin

Vieles, was die klassische Schulmedizin und selbst die Naturheilkunde heute anbieten, erlaubt oft nur ein oberflächliches „Herumdoktern" an den Beschwerden. Bei Schmerzen können wir die für die Schmerzübertragung zuständigen Botenstoffe und Enzyme medikamentös blockieren. Wir können die Produktion von Magensäure hemmen, Entzündungen drosseln und Fieber senken. Dies kann Erleichterung verschaffen und Krankheitsverläufe bessern oder verlangsamen, doch ist es meist nicht mehr als das Glätten der Oberfläche, tiefer liegende Körpervorgänge bleiben unberücksichtigt und werden bisweilen sogar gestört. Wir behandeln unseren Körper und unsere Seele oft so, als würden wir einem schreienden Baby ständig nur den Schnuller reichen, ohne nachzusehen, ob es vielleicht wichtige Bedürfnisse hat, auf die wir eingehen sollten. Hauptsache, es ist ruhig. Viele Medikamente und Naturheilmittel werden der Komplexität von seelischen und körperlichen Abläufen nicht gerecht.

Daher sind Wissenschaftler*innen immer auf der Suche nach neuen ganzheitlichen Wirkstoffen. Diese sollen das Krankheitsgeschehen in seiner ganzen Komplexität erfassen und dadurch eine umfassende Heilung ermöglichen, bei der nicht nur der Körper, sondern auch die Seele gesundet. Um solch ganzheitliche

Wirkstoffe zu finden, durchforsten sie entlegene Winkel der Erde nach unbekannten Heilmitteln und experimentieren mit neuen chemischen Verbindungen. Immer öfter endet ihre Suche nach einem neuen ganzheitlichen Heilmittel mit der Wiederentdeckung einer alten Medizin, mit der Wiederbelebung von alten Heilmethoden, die die Menschheit jahrhundertelang genutzt haben. Zu diesen Heilmethoden mit einer langen und erfolgreichen Tradition zählen zum Beispiel die Meditation, das Heilfasten oder die Pflanzenheilkunde.

Ganzheitliche Therapien wie die Pflanzenheilkunde haben oft eine lange Tradition.

Heilpflanzen zählen zu den ältesten Heilmitteln dieses Planeten. Noch lange bevor die Menschen sie für ihre Zwecke einsetzten, fraßen Tiere instinktiv spezielle Pflanzen, um sich zu kurieren. Wir vermuten heute, dass die Menschen seit mindestens 50.000 Jahren von Heilpflanzen Gebrauch machen, darauf lassen Grabbeigaben schließen, die bei einer Ausgrabung im heutigen Irak zum Vorschein kamen. Es ist jedoch wahrscheinlich, dass Menschen schon länger Heilpflanzen bewusst konsumierten. 99 Prozent ihrer Geschichte verbrachten die Menschen jagend und sammelnd, die Kenntnis der Pflanzenwelt war von entscheidender Bedeutung für ihr Überleben.

Als die Menschen sesshaft wurden, lernten sie die Pflanzen, die in ihren Siedlungen wuchsen, kennen und nutzen. Viele dieser Pflanzen fühlen sich bis heute in unserer unmittelbaren Nachbarschaft wohl, und so erstaunt es nicht, dass wir inmitten unserer Städte, auf Autobahnraststätten oder Spielplätzen eine unglaublich hohe Anzahl von Heilpflanzen finden. Auch rund um Ihr Haus würden Sie wahrscheinlich eine ganze Apotheke vorfinden. Wer sich damit näher beschäftigen will, dem sei das Buch „Gesund mit heimischen Heilpflanzen“ empfohlen, das Sebastian Vigl und Anne Wanitschek geschrieben haben. Darin sind zehn Heilpflanzen porträtiert, die überall in Mitteleuropa wachsen.

Viele unserer bekanntesten Heilpflanzen wachsen in unserer unmittelbaren Umgebung.

Auch in anderen Teilen der Erde lässt sich dieses Phänomen beobachten: Der Mensch lernte Pflanzen zu nutzen, die in seiner unmittelbaren Umgebung wuchsen. Einer der wohl bedeutendsten Begegnungen zwischen Mensch und Pflanze fand wahrscheinlich im heutigen Kasachstan statt: Von dort aus soll sich – meist mithilfe des Menschen – die Hanfpflanze ausgebreitet haben, die heute zu unseren wichtigsten Heilpflanzen zählt.

## Der Mensch und die Hanfpflanze – eine turbulente Beziehung

Vielen Lokalnachrichten ist es immer wieder eine Meldung wert, wenn die Polizei eine illegale Cannabis-Anpflanzung entdeckt. Manchmal sind dies größere Plantagen in stillgelegten Fabrikhallen, Kellern oder auf Dachböden, manchmal sind es auch nur ein bis zwei Pflanzen auf einem Balkon oder in einem Garten. Cannabis-Anbau ist verboten, selbst für den Anbau von THC-armen Nutzhanf braucht man in Deutschland eine Sondergenehmigung.

Das war nicht immer so, es gab sogar Zeiten, in denen es verboten war, *kein* Cannabis anzupflanzen! Das galt zum Beispiel im England des 18. Jahrhunderts, wo ein Gesetz den Anbau von Hanf all denen vorschrieb, die die englische Staatsbürgerschaft erwerben wollten. Wer sich weigerte, hatte mit empfindlichen Geldstrafen zu rechnen. Zur gleichen Zeit konnte man im amerikanischen Virginia sogar ins Gefängnis kommen, wenn man sich weigerte, Hanf anzupflanzen. Diese strengen Vorschriften hatten gute Gründe, die Hanfpflanze war ein äußerst wertvoller Lieferant für verschiedene Wirtschaftszweige. Die robuste Hanffaser war zum Beispiel für die Herstellung von Tauen für die Schifffahrt notwendig und ein wichtiger Rohstoff der Textilindustrie. Bis ins frühe 19. Jahrhundert war es in Nordamerika sogar möglich, seine Steuern mit Cannabis zu bezahlen.

Hanf war zu Beginn der Neuzeit ein so begehrter Rohstoff, dass dies zu zwischenstaatlichen Konflikten führte, für die wiederum mehr Hanf benötigt wurde, denn die Fasern waren auch beim Ausrüsten von Armeen und der Flotte von Bedeutung. In dem amerikanischen Schiff U.S.S. Constitution wurden im frühen 19. Jahrhundert über 50 Tonnen Hanf gebraucht, das meiste davon für das insgesamt sieben Kilometer lange Tauwerk. Selbst im zweiten Weltkrieg spielte Hanf noch eine entscheidende Rolle, in den letzten vier Kriegsjahren produzierten amerikanische Bauern über 40.000 Tonnen Hanffasern für Kriegszwecke.

George Bush senior, der spätere Präsident der USA, verdankte diesen Hanffasern sein Leben, als er als junger Pilot im Zweiten Weltkrieg bei einem Einsatz notwassern musste: Sein Fallschirm bestand aus Hanffasern, und das Schiff, das ihn rettete, hätte ihn ohne Hanffasern wohl nicht rechtzeitig erreicht. Das konnte jedoch nicht verhindern, dass er später als CIA-Direktor und US-Präsident der Pflanze selbst den Kampf ansagte.

Hanf war besonders in Kriegszeiten ein wichtiger Rohstoff.

Hanf war nicht nur eine wichtige landwirtschaftliche Nutzpflanze, er hat auch eine lange Geschichte als Heil- und Rauschmittel. Als Heilmittel erlebte Cannabis in Europa und Nordamerika im 19. Jahrhundert seine Blütezeit, die Apotheken boten standardisierte Cannabismedikamente und meist auch eigene

Hanf war lange Zeit eine wichtige landwirtschaftliche Nutzpflanze und hat eine lange Geschichte als Heil- und Rauschmittel.

Cannabisrezepturen an. Zwischen 1850 und 1900 waren rund die Hälfte aller verkauften Arzneimittel cannabishaltige Medikamente, die unter anderem bei Schmerzen, Epilepsie, Migräne, Asthma und Rheuma eingesetzt wurden. Das wäre womöglich bis heute so geblieben, wenn es der Forschung gelungen wäre, die Hauptwirkstoffe von Cannabis zu isolieren. Doch erst 1963 entdeckte eine israelische Forschergruppe das Wirkprinzip von Cannabis, seine Anwendung war mittlerweile in den meisten Ländern der Erde verboten. Ab den 1930er-Jahren kam es zur weltweiten Illegalisierung der Hanfpflanze, viele Regierung sagten dem Cannabiskonsum und -anbau den Kampf an und machten damit auch die medizinische Nutzung schwierig.

Das Image der Hanfpflanze hat sich in den letzten Jahren dramatisch geändert.

In den letzten Jahren hat sich die Haltung zu Cannabis deutlich verändert. Laut einer repräsentativen Umfrage des Meinungsforschungsinstituts Civey sprachen sich 2019 42 Prozent der Deutschen für eine Legalisierung von Cannabis aus. Auch der Bund Deutscher Kriminalbeamter fordert ein Ende des Cannabis-Verbots.

Die Debatte um die mögliche Entkriminalisierung von Cannabis hat dem Image der Hanfpflanze gutgetan. Es wird viel mehr über den möglichen Nutzen der Hanfpflanze statt über die möglichen Risiken diskutiert. Viele Menschen entdecken die vielseitige Anwendbarkeit und Wirkung ihrer Hauptwirkstoffe, der sogenannten Cannabinoide. Es gibt kaum einen essenziellen körperlichen Prozess, auf den sie nicht günstig einwirken können, zudem beeinflussen sie unsere seelische Gesundheit und können damit zu Recht zu den ganzheitlichen Heilmitteln gezählt werden. Dies gilt auch für den Wirkstoff Cannabidiol (CBD), dem wir uns in diesem Buch widmen. Um seine umfassende Wirkung zu verstehen, schauen wir uns das Endocannabinoid-System etwas genauer an.

## Das Endocannabinoid-System: Wir produzieren cannabisähnliche Wirkstoffe

Wenn Sie mit anderen zusammenleben, kennen Sie das vielleicht: Sie halten die Wohnung in Ordnung, räumen auf, wischen Staub, waschen ab, und die Menschen in Ihrem Haushalt scheinen das nicht zu merken. Was Sie leisten, fällt erst auf, wenn Sie es einmal nicht mehr machen. In unserem Körper verhält es sich ganz ähnlich. Dort gibt es ein System aus Rezeptoren und Botenstoffen, das unzählige wichtige Prozesse in unserem Körper steuert, und lange war niemandem aufgefallen, was dieses System leistet. Erst vor 30 Jahren begannen Forschungsteams, schrittweise das endogene Cannabinoid-System zu entdecken. Sein Na-

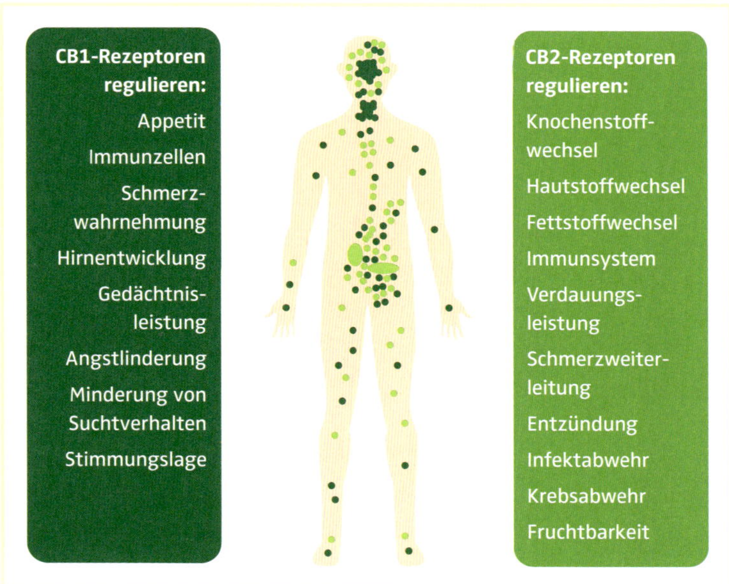


Die Cannabinoid-Rezeptoren.

Cannabinoid-Rezeptoren sind die Aktionspunkte des Endocannabinoid-Systems. Sie sitzen im Gehirn und in den Nervenzellen und stimulieren verschiedene Botenstoffe, die sich dann auf den Schlaf, auf Schmerzen, auf das Gehirn und das allgemeine Wohlbefinden auswirken können.

mensgeber sind die Cannabinoide, die Hauptwirkstoffe der Cannabispflanze, der Begriff „endogen" steht für Prozesse, die im Körper stattfinden. Nach und nach zeigte sich, dass wir selbst cannabisähnliche Wirkstoffe produzieren, die sogenannten Endocannabinoide. Diese sind den Cannabiswirkstoffen nicht nur strukturell ähnlich, sie haben auch vergleichbare Wirkungen.

Das Endocannabinoid-System harmonisiert viele Körpervorgänge.

Endocannabinoide sorgen dafür, dass unterschiedliche Vorgänge in unserem Körper nicht chaotisch ablaufen und sich gegenseitig stören, sondern harmonisch aufeinander abgestimmt sind. Endocannabinoide steuern Endzündungsvorgänge und die Arbeit des Immunsystems, sie regulieren Schlaf, Schmerzen, Gedächtnis, Krebsabwehr und Stressantwort und haben einen wesentlichen Einfluss darauf, wie wir uns fühlen. Wenn wir ausreichend Endocannabinoide produzieren, schützt uns das vor Depressionen, krankhaften Ängsten und anderen psychischen Belastungen wie Stress und Erkrankungen.

Was ist jedoch, wenn wir nicht ausreichend Endocannabinoide bilden? Wenn Botenstoffe in unserem Körper fehlen, geht dies meist mit Erkrankungen oder zumindest Beschwerden einher.

Zum Beispiel spielt ein Mangel an Serotonin bei Depressionen eine Rolle, und Dopaminmangel bei Morbus Parkinson. Wenn nicht genügend Schilddrüsenhormone gebildet werden, wirkt sich dies auf verschiedenste Organe, das Nervensystem und die Psyche aus, die Hormone müssen von außen zugeführt werden. Bei der Erforschung des Endocannabinoid-Systems zeigte sich, dass wir auch auf Endocannabinoide nicht verzichten können. Die Liste von Erkrankungen und Beschwerden, an denen das Endocannabinoid-System wesentlich beteiligt ist, wird immer länger. Und bei einem großen Teil davon wird das Endocannabinoid-System zunehmend in der Therapie berücksichtigt. Dies betrifft schwere Erkrankungen wie Krebs, Multiple Sklerose oder Epilepsie, aber auch alltägliche Beschwerden wie Stress, Schlafprobleme, Müdigkeit oder depressive Verstimmung.

Das Endocannabinoid-System ist an vielen Erkrankungen und Beschwerden beteiligt.

**Erkrankungen, bei denen das Endocannabinoid-System zunehmend in der Therapie berücksichtigt wird**

| | |
|---|---|
| Neurologische Erkrankungen | Multiple Sklerose, Alzheimer, Morbus Parkinson, Restless-Legs-Syndrom, Epilepsie, Autismus, ADHS |
| Psychische Erkrankungen | Depressionen, Schizophrenie, Angsterkrankungen, Suchterkrankungen, Posttraumatische Belastungsstörung, Schlafstörungen |
| Stoffwechselerkrankungen | Adipositas, Diabetes |
| Hauterkrankungen | Schuppenflechte, Neurodermitis, Akne |
| Schmerzen | Fibromyalgie, Reizdarm, Migräne, Endometriose, Regelschmerzen, Tumorschmerzen |
| Entzündliche Erkrankungen | Arthritis, chronisch entzündliche Darmerkrankungen |
| Krebserkrankungen | Alle häufigen Krebserkrankungen |

Wirkstoffe aus der Cannabispflanze können das Endocannabinoid-System bei diesen Erkrankungen unterstützen, weshalb der therapeutische Einsatz von Cannabinoiden wie CBD zunehmend an Bedeutung gewinnt. Cannabiswirkstoffe verstärken die harmonisierende Wirkung des Endocannabinoid-Systems, was Beschwerden lindern oder zur Genesung führen kann. Sie wirken dabei ganzheitlich, das heißt, sie fördern die Gesundheit auf verschiedenen Ebenen. Menschen mit Rheuma können zum Beispiel nicht nur von der entzündungshemmenden und schmerzstillenden, sondern auch von der stimmungsaufhellenden, schlaffördernden oder angstlösenden Wirkung von Cannabinoiden profitieren.

Von einem starken Endocannabinoid-System profitieren Gesunde und Kranke.

Nicht nur für Menschen mit manifesten Erkrankungen sollte das Endocannabinoid-System von Interesse sein. Unsere Endocannabinoide machen uns leistungsstark, stressresistent und ausgeglichen. Ein starkes Endocannabinoid-System ist gerade in unserem hektischen Alltag von Vorteil. Es kann uns dabei helfen, unsere Energien auf Wesentliches zu fokussieren und bei Stress oder sonstiger Belastung unsere Balance und gute Laune nicht zu verlieren. Es lässt uns besser zur Ruhe kommen und weniger unter Schmerzen, Ängsten oder Stimmungsschwankungen leiden.

## Zusammenfassung

Wenn Sie Ihren Körper ganzheitlich unterstützen wollen, ist es hilfreich, seine Funktionsweise zu verstehen. Dann können Sie sich jede Menge Arbeit und auch Geld sparen. Sie brauchen dann nicht für jedes einzelne Organ und für all die verschiedenen Prozesse im zentralen Nervensystem, die für unsere Gesundheit verantwortlich sind, eine eigene Maßnahme. Wenn Sie wissen, was diese verschiedenen Abläufe in Ihrem Körper koordiniert, können Sie dort zielgerichtet ansetzen.

Das Endocannabinoid-System liefert einen wichtigen Ansatzpunkt für eine ganzheitliche Unterstützung unseres Körpers. Es reguliert zentrale psychische, geistige und körperliche Prozesse, die für unsere Gesundheit und Genesung essenziell sind. Wenn Sie auf das Endocannabinoid-System einwirken, greifen Sie nicht störend in komplexe Körperprozesse ein, Sie können Ihren Körper vielmehr bei der Regulation der Abläufe unterstützen.

# Der natürliche Wirkstoff Cannabidiol (CBD)

In diesem Buch zeigen wir Ihnen verschiedene Möglichkeiten, wie Sie Ihr Endocannabinoid-System stärken können. Allen voran mit Cannabidiol (CBD), einem besonderen Wirkstoff aus der Hanfpflanze.

## Das Comeback der Hanfpflanze

Wahrscheinlich haben Sie schon von CBD gehört, diesem Stoff, der in den letzten Jahren in der Öffentlichkeit und in der Forschung für viel Aufsehen gesorgt hat. Das lag nicht nur an seinen potenziellen Heilwirkungen, sondern auch an seinem Ursprung. Hanf hatte lange Zeit keinen besonders guten Ruf, er galt als gefährliches Rauschmittel, das es zu bekämpfen galt. Seine Kriminalisierung hat auch seiner Anwendung als Nutz- und Heilpflanze geschadet. Die Stigmatisierung der Pflanze ließ in den letzten Jahren nach, Handel, Industrie, Landwirtschaft und Medizin entdecken sie als wertvolle Ressource. Dies ermöglichte vor allem die Erkenntnis, dass nur ein spezieller Stoff aus Cannabis, das sogenannte Tetrahydrocannabinol (THC), über Rauschwirkung verfügt. Alle anderen Komponenten der Pflanze können problemlos verwendet und verzehrt werden, ohne dass dabei eine berauschende oder schädigende Wirkung zu erwarten ist. Diese Erkenntnis führte zur Züchtung THC-armer Hanfsorten, die auch als Nutzhanf oder Industriehanf bezeichnet werden. Nutzhanf ist sozusagen eine „entschärfte" Version von Cannabis, laut deutschen Gesetzen darf er nicht mehr als 0,2 Prozent THC enthalten. Für eine Anwendung als Rauschmittel ist er dadurch wertlos, dies gilt jedoch nicht für seine Verwendung als Lebens- und Heilmittel.

> Für die Verwendung als Nutz- und Nahrungspflanze werden THC-arme Hanfsorten angebaut.

In Deutschland darf Nutzhanf seit 1996 wieder angebaut werden, ein Teil davon wird für die Herstellung von CBD-haltigen

Produkten verwendet. Nutzhanfsorten sind zwar THC-arm, enthalten dafür aber alle anderen Wirkstoffe des Hanfs, so auch das CBD.

## CBD unterstützt das Endocannabinoid-System

Wie wir bereits gesehen haben, gehen viele Erkrankungen und Beschwerden mit einer Dysbalance des Endocannabinoid-Systems einher. Über eine Regulierung des Endocannabinoid-Systems kann wiederum Heilung oder Linderung ermöglicht werden. Bisherige Forschungen zeigen, dass die regelmäßige Einnahme von CBD das Endocannabinoid-System bei der Wahrung der Homöostase unterstützt. Die Homöostase beschreibt einen Zustand, bei dem unsere Körperfunktionen im Gleichgewicht sind und optimal zusammenarbeiten. Ein gutes Beispiel ist unser zentrales Nervensystem, dort sorgt das Endocannabinoid-System für ein ausbalanciertes Zusammenspiel unterschiedlicher Botenstoffe und greift regulierend ein, wenn zum Beispiel ein Botenstoff nicht ausreichend oder im Überschuss vorhanden ist.

> CBD kann helfen, wenn wichtige Endocannabinoide nicht ausreichend gebildet werden.

CBD hat über seine Interaktion mit unserem Endocannabinoid-System verschiedene Effekte. Es hebt die Stimmung, fördert Schlaf und Erholung, hemmt Entzündungen und Krebswachstum, löst Ängste und wirkt krampflösend bei epileptischen Anfällen. Laut den Forschungen des Amerikaners Ethan Russo kann CBD zudem hilfreich sein, wenn wir nicht ausreichend Endocannabinoide bilden. Zu den wichtigsten Endocannabinoiden zählen die Stoffe Anandamid und 2-Arachidonylglycerol. Besonders interessant für uns ist das Anandamid.

Die Bezeichnung Anandamid ist vom Wort „ananda" inspiriert, das aus dem Sanskrit stammt und Glück, Ekstase und Freude bedeutet. Der Name ist gut gewählt, denn schließlich ist Anandamid mit für unser Wohlbefinden verantwortlich. Die Wirkung von Anandamid lässt sich gut an den wenigen Menschen aufzeigen, die aufgrund einer genetischen Mutation sehr hohe

Anandamidwerte haben. Die Betroffenen zeigen keine Angst, sind euphorisch, sehr widerstandsfähig gegenüber Stress und spüren wenig Schmerz. Besonders der letzte Umstand führt bei ihnen zu vielen Verletzungen im Alltag, die aufgrund des hohen Anandamidspiegels jedoch schneller heilen.

Ein Zuviel an Anandamid kann also Probleme machen, ein Mangel jedoch auch. Bilden wir zu wenig von diesem Botenstoff, leidet darunter unser Immunsystem und vor allem unser Seelenleben. Wir fühlen uns bedrückt, ängstlich, freudlos, gestresst und niedergeschlagen. Der Schlaf kann darunter leiden und auch unsere Fähigkeit, uns Dinge zu merken. Laut Ethan Russo spielt ein Endocannabinoid-Mangel bei vielen schmerzhaften Erkrankungen und Beschwerden wie Fibromyalgie, Migräne, Reizdarm und Regelschmerzen eine Rolle. Wenn Endocannabinoide wie Anandamid fehlen, geht dies laut Russos Forschungen mit einer gesteigerten Schmerzempfindlichkeit einher. Beim Reizdarm kann Anandamid zum Beispiel die Sensibilität von sogenannten Capsaicin-Rezeptoren im Darm senken. Eine 2020 publizierte Studie zeigte den stimmungsaufhellenden und angstösenden Effekt von Endocannabinoiden bei Frauen mit Fibromyalgie, sie konnten ihre Anandamidwerte durch körperliches Training verbessern. Die Aktivierung von Anandamid durch körperliche Bewegung zeigt sich auch beim sogenannten Runner's High, für das der Wirkstoff mitverantwortlich ist. Ein Grund mehr, auf regelmäßige körperliche Bewegung zu achten.

> Anandamid reduziert Stress, Ängste und Niedergeschlagenheit und kann rauschhafte Glückzustände auslösen.

Für die Synthese von Anandamid und allen anderen Endocannabinoiden benötigt der Körper bestimmte Fettsäuren, die wir über die Nahrung aufnehmen. Leider ist Anandamid relativ kurzlebig. Nachdem es gebildet wurde, bleibt es nur kurze Zeit im Gewebe und wird dann durch das Enzym Fettsäureamidhydrolase (FAAH) abgebaut. Hier kommt CBD ist Spiel: Es blockiert FAAH und sorgt damit dafür, dass der wertvolle Botenstoff Anandamid länger wirken kann. Dies kann sich deutlich auf unser

> CBD blockiert das Enzym, das den Botenstoff Anandamid abbaut.

Seelenleben auswirken, wie zum Beispiel eine Studie mit schizophrenen Menschen zeigt, die CBD einnahmen. In der Folge verbesserten sich deutlich ihre Anandamidwerte im zentralen Nervensystem, was mit einer Abnahme von Ängstlichkeit und Niedergeschlagenheit und einem harmonischeren Seelenleben einherging.

Es ist also sinnvoll, CBD zusammen mit hochwertigen Fetten aufzunehmen. Dies ist zum Beispiel gewährleistet, wenn CBD in die tägliche Ernährung integriert wird, worauf wir uns in diesem Buch konzentrieren.

### Die Wirkung von CBD auf andere Körpersysteme

CBD wirkt nicht nur auf das Endocannabinoid-System, auch andere körperliche Mechanismen können durch den Stoff reguliert werden. Die Pharmakologie nennt CBD einen promiskuitiven Stoff, das heißt, er kann an verschiedene Rezeptoren binden. So interagiert das Cannabinoid zum Beispiel auch mit drei Rezeptoren des Serotoninsystems. Der als „Glückshormon" bekannte Botenstoff Serotonin reguliert im zentralen Nervensystem unser Wohlbefinden, unseren Schlaf und unsere Lernfähigkeit. CBD kann diese Wirkungen unterstützen.

> CBD reguliert „Glückshormone" wie Serotonin, Dopamin und Endorphine.

Die Rezeptoren unseres Opioidsystems reagieren ebenfalls auf CBD. Das Opioidsystem und seine Botenstoffe, die Endorphine und Endomorphine, dienen der Schmerzabwehr, fördern die Motivation und regulieren den Körper unter Belastungen. CBD scheint sie bei diesen Aufgaben zu unterstützen.

Seine lindernde Wirkung bei Suchterkrankungen lässt sich unter anderem dadurch erklären, dass CBD auch an Dopamin-Rezeptoren bindet. Eine Störung des Dopaminspiegels ist nämlich für einen Teil der Entzugssymptome verantwortlich. Dopamin steigert unseren Antrieb, fördert unsere Motivation und sorgt dafür, dass wir zufrieden sind. Diese Eigenschaften scheint CBD zu unterstützen.

Daneben interagiert CBD mit diversen Proteinen in unserem Körper, die die Aktivität von Genen regulieren. Es wird vermutet, dass CBD über diesen Mechanismus unter anderem den Fettstoffwechsel günstig beeinflussen kann.

Eine 2018 veröffentlichte deutsche Studie lässt vermuten, dass CBD insgesamt die Funktion des frontalen Vorderlappens

Das Endocannabinoid-System ist Teil unserer Körpersysteme.

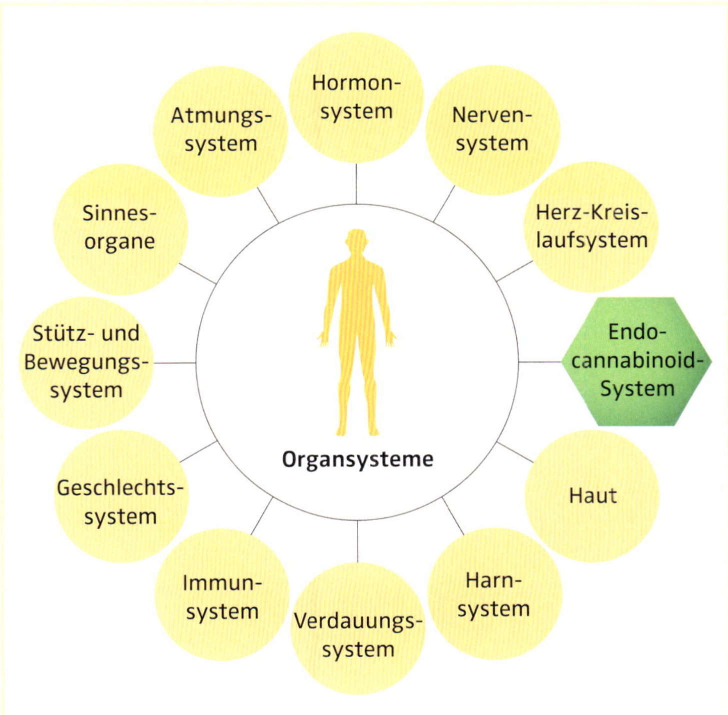


Das Endocannabinoid-System besteht aus einer Gruppe von Botenstoffen (Endocannabinoiden), den dazugehörigen Rezeptoren und den Enzymen, die sie produzieren und abbauen. Endocannabinoide beeinflussen eine Vielzahl physiologischer Abläufe, wie beispielsweise Appetit, Schmerzen, Entzündungen, Steuerung der Muskulatur, Stoffwechsel und Gedächtnis. Ist dieses komplexe System im Ungleichgewicht, kann es zu Störungen im Körper kommen.

unseres Gehirns fördert, der unter anderem für Motivation, Emotion und Wahrnehmung zuständig ist. Dieser Effekt könnte bei verschiedenen Erkrankungen hilfreich sein, so zum Beispiel bei Morbus Parkinson, Depressionen, Psychosen oder Suchterkrankungen. Die Wirkung von CBD auf den frontalen Vorderlappen könnte auch bei Verhaltensauffälligkeiten wirksam sein, wie einzelne Studien vermuten lassen. Eine Untersuchung zeigte, dass die Interaktion von CBD mit den Serotonin-Rezeptoren aggressives Verhalten dämpfen kann. Bei einer 2020 publizierten Pilotstudie mit geistig behinderten Kindern und Jugendlichen verbesserte CBD Verhaltensauffälligkeiten wie Reizbarkeit, Aggression, Selbstverletzung und Schreien.

CBD scheint auch anti-aggressive Eigenschaften zu haben.

## Die Therapie mit CBD

Aufgrund der vielen verschiedenen positiven Wirkungen von CBD auf unseren Körper liegt es nahe, dass der Hanfwirkstoff als mögliches Therapeutikum für verschiedene Erkrankungen und Beschwerden diskutiert wird. Dazu zählen verschiedene Epilepsieformen, auch solche, bei denen herkömmliche Medikamente nicht wirken. Ein CBD-basiertes Epilepsiemedikament (Epidiolex) steht kurz vor der Zulassung. Auch bei verschiedenen psychischen Erkrankungen wie Schizophrenie, Angststörungen, Psychosen, Depressionen oder Posttraumatischen Belastungsstörungen könnte CBD bald Bestandteil der regulären Therapie sein. Klinische Studien zeigen, dass CBD bei Autismus, Cannabissucht, Nikotinsucht und Morbus Parkinson ebenfalls eine Option sein könnte. In Kombination mit THC wird CBD – zum Beispiel in Form des Cannabismedikamentes Sativex oder durch Inhalieren von Cannabisblüten – bereits effektiv bei Multipler Sklerose, Tumorschmerzen oder Nervenschmerzen eingesetzt.

Cannabinoide wie CBD werden immer häufiger in Therapiekonzepte integriert.

Der therapeutische Einsatz mit Cannabiswirkstoffen ist weltweit auf dem Vormarsch. In Deutschland hat hierfür das 2017 in

Kraft getretene Gesetz „Cannabis als Medizin“ den Weg geebnet. Seitdem können Cannabinoide von ärztlicher Seite verordnet werden, die Kosten tragen in vielen Fällen die Krankenkassen. CBD wird meist in Verbindung mit THC verschrieben, kann aber auch alleine verordnet werden. Für diesen Fall stellen Apotheken die „Ölige Cannabidiol-Lösung“ gemäß der Vorschrift NRF 22.10 her.

Ohne Rezept erhältlich sind in Deutschland und vielen anderen EU-Staaten CBD-haltige Produkte aus Hanf wie CBD-Öle oder CBD-haltige Nutzhanftees, sie werden unter anderem als Nahrungsergänzungsmittel angeboten. Nahrungsergänzungsmittel sollen – wie der Name schon sagt – unsere Nahrung ergänzen. Wir sehen sie meist als Produkt, das wir vor oder zu oder nach einer Mahlzeit einnehmen. Das produziert jedes Jahr nicht nur eine große Menge Verpackungsmüll, sondern verursacht auch hohe Kosten, denn die meisten Nahrungsergänzungsmittel sind nicht billig. Eine günstigere und wirkungsvolle Methode ist es, Stoffe, die die Nahrung ergänzen sollen, direkt in diese zu integrieren. So empfehlen wir das auch in diesem Buch – wir lassen CBD Teil unserer täglichen Ernährung werden. Damit folgen wir einer wichtigen Maxime der Naturheilkunde, nach der die Stärkung der eigenen Selbstheilungskräfte bei Tisch beginnt.

Viele CBD-haltige Nutzhanfprodukte sind ohne Rezept erhältlich.

## Zusammenfassung

„Zurück zur Natur!“ Teile der medizinischen Forschung scheinen diesem Slogan zu folgen. Sie entdecken alte Heilmittel neu, und wissenschaftliche Studien erlauben es, die Wirkung und Effizienz dieser Heilmittel zu verstehen.

Ein gutes Beispiel für diesen Trend ist die etwas in Vergessenheit geratene Heilpflanze Hanf. Aktuelle Studien zeigen, dass sie bei vielen Erkrankungen und Beschwerden hilfreich sein könnte. Das liegt an den darin enthaltenen vielseitig einsetzbaren Cannabinoiden, zu denen auch der nicht psychoaktive Wirkstoff CBD (Cannabidiol) gehört. CBD wird vor allem aufgrund seiner stimmungsaufhellenden, antipsychotischen, antitumoralen, schlaffördernden, entspannenden, angstlösenden und entzündungshemmenden Wirkungen geschätzt. Es greift nicht störend in komplexe Körperabläufe ein, sondern unterstützt unseren Körper, sich selbst zu regulieren und zu heilen.

## CBD in die Ernährung integrieren

Wenn wir unserem Körper Medikamente oder pflanzliche Wirkstoffe zuführen wollen, gibt es verschiedene Möglichkeiten. Sie können direkt in die Blutbahn injiziert oder auf die Haut aufgetragen und von ihr aufgenommen werden. Die Haut befindet sich im ständigen Stoffaustausch, scheidet Stoffe aus und lässt andere in unseren Körper passieren. Noch durchlässiger sind die Schleimhäute, insbesondere jene des Verdauungstraktes. Ihre Durchlässigkeit ist für uns essenziell, sie garantiert, dass wir Nährstoffe aufnehmen können und bietet uns andererseits eine gute Option für die Aufnahme von Wirkstoffen. Daher werden die meisten Medikamente und Naturheilmittel oral eingenommen, ihre Inhaltsstoffe gelangen in den Verdauungstrakt und werden dort resorbiert, also in den Blutkreislauf überführt. Die Resorption gelingt am besten, wenn die Verdauungsschleimhaut gut durchblutet ist, was besonders während und nach einer Mahlzeit der Fall ist. Dies gilt auch für CBD. Es ist sinnvoll, den Wirkstoff zum oder unmittelbar nach dem Essen einzunehmen.

### Mahlzeiten mit CBD-haltigem Öl anreichern

Was liegt also näher, als CBD direkt in die Ernährung zu integrieren? Eine einfache Variante wäre zum Beispiel die Zugabe von frei verkäuflichen CBD-Ölen zu den Gerichten. Sobald Ihr Essen auf dem Teller liegt, geben Sie einfach die vom Hersteller empfohlene Dosis darauf. Dagegen ist nichts zu sagen, wir haben jedoch einen anderen Vorschlag: In diesem Buch stellen wir Ihnen eine Methode vor, wie Sie selbst ein CBD-haltiges Öl herstellen, mit dem Sie Ihre Speisen – zum Beispiel die Rezepte in unserem Rezeptteil – zubereiten. Das hat den Vorteil, dass Sie das Öl individuell auf Ihre Konstitution anpassen können, und es ist auch noch preiswerter als die Anwendung von CBD-Ölen aus dem Laden.

Dieses selbst hergestellte Öl nennen wir CBD-Speiseöl. Die genaue Bezeichnung ist wichtig, denn es gibt viele ölige Hanfprodukte, wie die folgende Tabelle veranschaulicht.

Das Rezept für unser CBD-Speiseöl finden Sie auf Seite 82.

Verschiedene ölige Produkte aus der Hanfpflanze

| BEZEICHNUNG | BESCHREIBUNG | THC-GEHALT | VERWENDUNG |
|---|---|---|---|
| Hanföl (oder Hanfsamenöl) | Aus Hanfsamen hergestelltes fettes Öl, enthält fast keine Cannabinoide. | THC-frei | In der Küche – für kalte Gerichte |
| Ätherisches Hanföl | Aus Hanfblüten und -blättern durch Destillation gewonnenes ätherisches Öl | THC-frei | Für die Aromatherapie |
| CBD-Öl | Bezeichnung für im Handel üblichen in Öl gelösten CBD-haltigen Extrakte; meist mittels $CO_2$-Extraktionsverfahren aus Nutzhanf hergestellt | Erlaubt sind THC-Gehalte bis 0,2 Prozent | Als Nahrungsergänzungsmittel |
| CBD-Speiseöl | Unsere Bezeichnung für das Öl, das Sie mit unserem Grundrezept aus Nutzhanf herstellen | Niedriger THC-Gehalt von unter 0,2 Prozent | Für die Zubereitung der Rezepte in diesem Buch |
| Haschisch-Öl (oder Haschöl, THC-Öl) | Öliger Extrakt aus dem Harz von Cannabis | Reich an THC | Als Rausch- oder Arzneimittel |

### CBD-Öl in der Küche

Die Rezepte in diesem Buch werden mit unserem CBD-Speiseöl zubereitet, das Sie selbst ganz leicht herstellen können. Wie das geht, lesen Sie auf Seite 82.

Wenn Sie jedoch mal kein passendes Speiseöl zur Hand haben, können Sie einer Speise auch CBD-Öl hinzufügen – einfach ein paar Tropfen zum Beispiel in das Dressing, in den Quark oder in die Soße rühren. Orientieren Sie sich bei der Dosierung an den Anwendungsempfehlungen des Herstellers.

## Über die Wirksamkeit von niedrig dosiertem CBD

Bei den meisten klinischen Studien mit CBD kommen sehr hohe Dosierungen zum Einsatz, meist mehrere Hundert Milligramm pro Tag. Diese Studien gelten als Argument dafür, dass CBD nur in diesen hohen Dosierungen wirksam ist. Das wären schlechte Neuigkeiten für uns, denn solch hohe Dosierungen sind sehr kostspielig und gehen bisweilen mit Nebenwirkungen wie Müdigkeit einher. Es gibt jedoch gute Gründe anzunehmen, dass bereits sehr viel niedrigere Mengen CBD unsere Gesundheit entscheidend beeinflussen.

### Praktische Erfahrung

Die Dosierungsempfehlungen für frei verkäufliche CBD-Produkte wie CBD-Öle – und auch für unser CBD-Speiseöl – orientieren sich oft an einer Tagesdosis zwischen 10 und 20 Milligramm CBD, sind also relativ niedrig. Trotzdem werden CBD-Produkte immer beliebter. Grund dafür sind die vielen positiven Erfahrungen von Therapeut*innen und Anwender*innen.

### Studien mit niedriger Dosierung

Studien, bei denen eine sehr niedrige CBD-Dosierung verwendet wurde, sind selten, aber es gibt sie. Dazu zählt zum Beispiel eine

Publikation aus dem Jahre 2013 von der Forschungsgruppe von Ravi Das. Bei deren Untersuchungen zeigten bereits 32 Milligramm CBD deutlich angstlösende Wirkungen.

Für eine 2018 veröffentlichte Studie wertete der Arzt Julian Kenyon und zusammen mit Kolleg*innen von der Universität London die Fälle von 119 Menschen mit Krebserkrankungen aus, die CBD einnahmen – meist 20 Milligramm pro Tag. Bei 92 Prozent der Testpersonen zeigte sich eine Beeinflussung des Krebswachstums durch die CBD-Gabe.

Einzelne Studien zeigen, dass bereits geringe CBD-Gaben sehr hilfreich sein können.

Eine im Frühjahr 2020 veröffentlichte Auswertung des Cannabis-Spezialisten Graham Gulbransen zeigt, dass von den ersten 400 Menschen in Neuseeland, die CBD angewendet haben, viele Tagesdosen von 40 Milligramm CBD einnahmen.

### Optimierung der Aufnahme durch Fettsäuren

CBD und andere Cannabinoide sind fettlöslich. Wie wichtig diese Tatsache ist, zeigte eine Ende 2018 publizierte Studie. Ein Teil der Testpersonen hatte CBD nach einem fetthaltigen Frühstück, der andere Teil hatte CBD auf nüchternem Magen zu sich genommen. Die Studie ergab, dass die gleichzeitige Einnahme von Fetten die Aufnahme von CBD um ein Vierfaches steigern kann. Wenn wir diese Erkenntnis berücksichtigen, können wir zum Beispiel mit einer Dosis von 20 Milligramm die Wirkung erzielen, die einer Einnahme von 80 Milligramm auf nüchternem Magen entspräche.

Eine ähnliche Studie wurde im Februar 2020 publiziert. Bei dieser nahm die erste Gruppe der Testpersonen das CBD-Medikament Epidiolex nach einem fetthaltigen Essen ein, die zweite Gruppe mit einer fettarmen Mahlzeit, die dritte mit Milch, die vierte mit Alkohol und die fünfte auf nüchternen Magen. Das Ergebnis: Nach dem fetthaltigen Essen war der Blutspiegel von CBD fünfmal höher, bei einem fettärmeren Essen immerhin noch viermal höher als bei der Einnahme auf nüchternen Magen. Die Testpersonen, die Vollmilch zu sich nahmen, hatten dreimal so hohe, jene mit einem alkoholischen Getränk doppelt so hohe CBD-Werte im Blut wie die nüchterne Gruppe.

Fettsäuren steigern die Aufnahme von CBD um ein Vielfaches.

Fettsäuren erleichtern den Übertritt von CBD vom Darm ins Körperinnere, unter anderem indem sie die Ausschüttung von Gallensäuren fördern. Diese ermöglichen uns die Aufnahme von fettlöslichen Nahrungsbestandteilen. Unser CBD-Speiseöl sorgt dafür, dass Sie CBD stets mit einer nennenswerten Menge Fettsäuren einnehmen, die zudem die Bildung von Endocannabinoiden unterstützen.

**Entourage-Effekt**

Heilpflanzen sind komplexe Heilmittel und für die pharmakologische Forschung eine echte Herausforderung. Diese betrachtet deren Hauptwirkstoffe – auch wir tun das mit diesem Buch: Wir widmen uns vor allem dem Cannabinoid CBD. Doch Heilpflanzen sind keine isolierten Einzelstoffe, sondern komplexe Stoffgemische, Cannabis weist mehr als 100 potenzielle Wirkstoffe aus. Diese wirken im Verbund und unterstützen sich oft gegenseitig in ihrer Wirkung, dieses Phänomen wird als Entourage-Effekt beschrieben. Eindrücklich zeigt ihn die Forschung zum Cannabis-Medikament Sativex, deren Hauptwirkstoffe CBD und THC sind. Daneben enthält es aber auch alle anderen Wirkstoffe des Hanfs, und diese verstärken die Wirkung von CBD und THC in Studien deutlich.

Andere Wirkstoffe aus dem Hanf können die Wirkung von CBD steigern.

Der Entourage-Effekt kann auch niedrigen CBD-Dosierungen zu mehr Wirkung verhelfen. Dafür ist es wichtig, dass wir CBD im Verbund mit den anderen Inhaltsstoffen des Hanfs einnehmen. Bei unserem CBD-Speiseöl ist das berücksichtigt, bei diesem gehen neben dem CBD auch alle anderen Wirkstoffe des Nutzhanfs ins Öl über.

Mit dem Entourage-Effekt lässt sich auch beeinflussen, welche der vielen Wirkungen von CBD gesteigert werden soll. Ab Seite

44 beschreiben wir, wie Sie mithilfe des Entourage-Effektes das CBD-Speiseöl individuell auf Ihre Bedürfnisse abstimmen können. Noch ausführlicher widmet sich das Buch „Cannabis und Cannabidiol (CBD) richtig anwenden" diesem Thema.

### Zusammenfassung

Forschungen zeigen, dass wir CBD besonders gut aufnehmen, wenn wir es zu oder nach einer Mahlzeit einnehmen. Nahrungsbestandteile wie Fettsäuren fördern seine Aufnahme und damit auch seine Wirksamkeit in unserem Körper. Was liegt also näher, als CBD direkt Teil unserer täglichen Gerichte werden zu lassen? Dafür eignet sich unser CBD-Speiseöl, mit dem Sie Ihre Speisen mit Cannabidiol anreichern können.

## Nahrungsmittel aus der Hanfpflanze

Kaum eine zweite Pflanze ist so vielseitig verwendbar wie die Cannabispflanze. Sie kann nicht nur als Rauschmittel oder Medikament eingesetzt werden, aus ihr lassen sich auch Baumaterialen wie Dämmstoffe und moderne Werkstoffe gewinnen, und ihre Fasern dienen der Herstellung von Papier und Textilien. Hanffasern gelten als besonders langlebig, sie sind der Grund, warum zum Beispiel die amerikanische Unabhängigkeitserklärung von 1776 oder die Gutenberg-Bibel von 1455 noch sehr gut erhalten sind. Ihre Strapazierfähigkeit beweisen Hanffasern auch in der Textilindustrie: Hanfkleidung bietet den Komfort von Baumwolle, ist aber deutlich reißfester und belastbarer.

> Hanf ist vielseitig verwendbar: als Medizin, als Lebensmittel, für die Bauindustrie und Textil- und Papierherstellung.

Wer auf seinen Feldern Hanf anbaut, hat wenig Arbeit, denn die Pflanze stellt wenig Ansprüche, ist widerstandsfähig und kann unerwünschte Pflanzen durch rasches Wachstum gut verdrängen. Der Hanfanbau produziert auch wenig Abfall – von einer Hanfpflanze kann fast alles verwendet werden. Besonders als

Lebensmittel gewinnt die Pflanze an Bedeutung, und das mit gutem Grund. Keine andere Nahrungspflanze bietet einen solch reichhaltigen Mix an Fettsäuren und Aminosäuren, der uns nicht nur gesund ernährt, sondern auch unser Endocannabinoid-System und damit die Wirkung von CBD fördern kann.

## Hanföl

Hanföl wird aus Hanfsamen gewonnen, die aus bis zu 35 Prozent Fetten bestehen. Davon sind wiederum fast 85 Prozent ungesättigte Fettsäuren, die für unsere Gesundheit eine wichtige Rolle spielen. Die wichtigste Fettsäure des Hanföls ist die zweifach ungesättigte Fettsäure Linolsäure. Sie zählt zu den Omega-6-Fettsäuren und kann regulierend auf Entzündungsvorgänge und die Hautfeuchtigkeit einwirken. Daneben unterstützt sie das Endocannabinoid-System, da wir aus ihr den Botenstoff Anandamid bilden.

Die Fettsäuren Linolsäure und Linolensäure sind essenziell, wir müssen sie durch die Nahrung aufnehmen.

Ebenfalls interessant ist das Vorkommen von (Alpha-)Linolensäure im Hanföl. Linolensäure gehört zur Gruppe der Omega-3-Fettsäuren und ist wie die Linolsäure ein essenzieller Nährstoff, das heißt, wir müssen ihn mit der Nahrung aufnehmen. Dank seines hohen Gehalts an Linolensäure hat Hanföl im Vergleich zu vielen anderen pflanzlichen Speiseölen ein besonders gutes Verhältnis von Omega-6- zu Omega-3-Fettsäuren. Dies wirkt sich positiv auf Entzündungsprozesse und die Tätigkeit des Endocannabinoid-Systems aus. Studien zeigen zudem, dass eine Ernährungsweise, die reich an Linolensäuren ist, die Produktion der Endocannabinoide Anandamid und 2-Arachidonylglycerol fördert. Daneben bildet unser Körper aus Linolensäure die wertvollen Omega-3-Fettsäuren Docosahexaensäure (DHA) und Eicosapentaensäure (EPA). Diese wiederum sind die Grundbausteine für eine Reihe weitere Endocannabinoide, die unter anderem Entzündung, Schmerz und Wohlbefinden beeinflussen. Unser Wohlbefinden können DHA und EPA auch über die Botenstoffe Serotonin und Dopamin positiv beeinflussen.

Eine Besonderheit ist der im Vergleich zu anderen Speiseölen hohe Gehalt an Gamma-Linolensäure im Hanföl, eine eher seltene Omega-6-Fettsäure. Sie wirkt sich unter anderem positiv auf den Hautstoffwechsel aus, was zum Beispiel bei einer 2005 veröffentlichten finnischen Studie zum Tragen kam. Bei dieser Studie konnte die tägliche Einnahme von Hanföl die Beschwerden von Menschen mit Neurodermitis lindern. Gamma-Linolensäure fördert bei Frauen zudem die Bildung von Prostaglandin, was sich positiv bei Wechseljahresbeschwerden und Menstruationsschmerzen auswirken kann.

In Hanföl findet sich auch die Omega-9-Fettsäure Ölsäure, die unser Körper auch selbst bilden kann. Ölsäure reguliert den Cholesterinspiegel und fördert unter anderem die Gesundheit des Kreislaufsystems und des Gehirns. Einen Teil der Ölsäure wandelt unser Körper in Ölsäureamid um, das an Cannabinoid-Rezeptoren binden und damit die Funktion des Endocannabinoid-Systems unterstützen kann.

Ein Rezept für ein leckeres Salatdressing mit Hanföl finden Sie auf Seite 42.

**Der Anteil der Fettsäuren in Hanföl**

| FETTSÄURE | GEHALT |
|---|---|
| Linolsäure | 50 % |
| Linolensäure | 25 % |
| Gamma-Linolensäure | 5 % |
| Ölsäure | 10 % |

Neben den Fettsäuren finden wir im Hanföl noch Chlorophyll, das für den grünen Schimmer verantwortlich ist, und Carotinoide wie Betacarotin, die dem Öl seine charakteristische braun-goldene Farbe verleihen. Entgegen früherer Behauptungen ist Hanföl nicht komplett cannabinoidfrei. Die Hauptwirkstoffe des Hanfs finden sich im Hanfsamenöl zwar nur in Spuren, wie eine

2019 veröffentlichte italienische Studie zeigte. Deren Autoren gehen aber davon aus, dass selbst diese geringen Mengen zu den positiven Effekten des Hanföls beitragen dürften.

Mit seinem nussigen Geschmack ist Hanföl besonders zum Verfeinern von kalten Gerichten geeignet.

**Lieber pflanzliche statt tierischer Fette**

Eine fettfreie Ernährung ist eine sehr schlechte Idee. Damit unser Organismus funktioniert, brauchen wir Fettsäuren, schon allein, um die wertvollen Endocannabinoide zu bilden. Unser Endocannabinoid-System würde unter einer fettfreien Ernährung besonders leiden, denn über 100 aus Fettsäuren gebildete Stoffe sind notwendig, damit es funktioniert. Gerne verzichten können wir allerdings auf gesättigte Fette und Transfette, sie belasten den Organismus und fördern Volkskrankheiten. Um im Dschungel der verschiedenen Fettsäuren die Übersicht zu bewahren, hilft die Leitsatz: möglichst wenig tierische, lieber hochwertige pflanzliche Fette.

Hanföl ist ein gutes Beispiel dafür, was pflanzliche Fette können. Sein hoher Gehalt an Omega-3-Fettsäuren ersetzt sogar die zusätzliche Einnahme von Fischöl oder den Genuss von fetten Fischsorten. Eine 2010 veröffentlichte kanadische Studie kam beispielsweise zu dem Schluss, dass sich die Fettsäuren von Hanfsamen ähnlich wie Fischöl positiv auf die Gesundheit des Herz-Kreislauf-Systems auswirken.

In der Küche findet Hanföl vor allem bei der Zubereitung von kalten Gerichten wie Dips, Aufstrichen, Pestos oder Salatsoßen Verwendung. Warme Gerichte können am Tisch mit einem Schuss Hanföl verfeinert werden. Zum Kochen, Braten oder sonstigen Erhitzen eignet es sich nicht, hohe Temperaturen zerstören einige seiner wertvollen Fettsäuren.

## Hanfsamen

Im 19. Jahrhundert sahen sich die Einwohner Australiens immer wieder mit knappen Essensvorräten und Hungersnöten konfrontiert. Viele überlebten nur dank den Samen der Hanfpflanze, die aufgrund ihrer Anspruchslosigkeit auch in kargen und trockenen Gegenden gedeiht. Hanfsamen zählen zu den wertvollsten pflanzlichen Nahrungsmitteln. Sie enthalten, wie wir bereits gesehen haben, nicht nur viele für uns wichtige Fettsäuren, sondern zählen auch zu den eiweißreichsten pflanzlichen Erzeugnissen. Nur Sojabohnen weisen einen höheren Eiweißgehalt auf. Zusätzlich enthalten Hanfsamen alle essenziellen Aminosäuren, die wir für unsere Gesundheit benötigen. Sie gelten daher als vollwertiger Ersatz für tierisches Eiweiß und sind besonders bei Menschen beliebt, die sich vegetarisch oder vegan ernähren.

65 Prozent des Hanf-Eiweißes bestehen aus dem Protein Edestin, das unser Körper leicht verstoffwechseln kann, da es unserem Bluteiweiß ähnelt. Es dient zur Herstellung des Blutfarbstoffes Hämoglobin, von Hormonen, Enzymen und Antikörpern (Immunglobulinen). Dadurch liefern uns Hanfsamen unter anderem wertvolle Bausteine für unser Immunsystem. Da Edestin die Bildung von Immunglobulinen unterstützt, die gegen Krankheitserreger wie Viren, Bakterien oder Giftstoffe wirken, sind Hanfsamen ein gutes Lebensmittel für Zeiten, in denen unser Immunsystem schwächelt oder stark gefordert wird. Davon können auch Menschen mit Allergien profitieren, sie vertragen Hanfsamen meist sehr gut, da sie frei von häufigen Allergenen wie Gluten sind. Auch bei Menschen mit Autoimmunerkrankungen dürfte der Genuss von Hanfsamen positive Wirkungen haben, wie eine iranische Studie mit Menschen vermuten lässt, die an Multipler Sklerose litten. Die Daten legen nahe, dass ihr Immunsystem von der Einnahme von Hanfsamen profitieren konnte.

Auch sonst sind Hanfsamen eine äußerst wertvolle Bereicherung für unsere Küche. Unter ihrer Schale finden sich Vitamin E, B-Vitamine und Spurenelemente wie Magnesium, Kalzium, Eisen und Kalium. Hanfsamen zählen zu den wertvollsten pflanzlichen Nahrungsmitteln.

> Hanfsamen enthalten alle essenziellen Aminosäuren.

Essenzielle Aminosäuren von Hanfsamen

| ESSENZIELLE AMINOSÄURE | 100 g HANFSAMEN ENTHALTEN |
|---|---|
| Isoleucin | 1 Gramm |
| Leucin | 1,7 Gramm |
| Lysin | 1 Gramm |
| Methionin | 0,6 Gramm |
| Phenylalanin | 1,2 Gramm |
| Threonin | 0,9 Gramm |
| Tryptophan | 0,2 Gramm |
| Valin | 1,3 Gramm |

Ungeschälte Hanfsamen sind reich an Ballaststoffen und vielseitig verwendbar.

Der hohe Ballaststoffgehalt vor allem in ungeschälten Hanfsamen wirkt sich positiv auf die Verdauung und die Zusammensetzung der Darmflora aus. Einer Studie mit älteren Menschen zufolge können die Ballaststoffe bei Verstopfung hilfreich sein. Zudem fördern sie das Sättigungsgefühl, was zum Beispiel beim Abnehmen nützlich ist. Dank der Ballaststoffe haben Hanfsamen auch einen cholesterinsenkenden Effekt, wirken sich positiv auf den Blutzuckerspiegel aus und können mehreren Studien zufolge das Risiko für Erkrankungen des Herzens, für Gallensteinleiden und für Darmkrebs minimieren.

Auch die Kohlenhydrate von Hanfsamen scheinen wertvoll zu sein, sie wirken einer 2019 veröffentlichten chinesischen Studie zufolge schützend auf unsere Darmzellen.

Hanfsamen sind in der Küche sehr vielseitig verwendbar: als knackiges Topping auf Suppen oder Salaten, als Zugabe zum Müsli, Smoothie oder Joghurt. Gemahlene Hanfsamen können zum Backen verwendet werden und einen Teil des Mehls in Backrezepten ersetzen.

Immer mehr Läden und Shops bieten verschiedene Lebensmittel aus Hanfsamen an. Dazu zählen zum Beispiel Hanfmus,

Hanfbutter, Hanfschokolade, Hanfsamenkekse oder Hanfmilch. Letztere ist ein gesunder pflanzlicher Milchersatz, den Sie ohne großen Aufwand selbst herstellen können. Ein Rezept dafür finden Sie auf Seite 42.

Hanfsamen sind lebendige Lebensmittel, in jedem Samen schlummert eine potenzielle neue Pflanze. Schon ein wenig Wasser reicht aus, um die Samen aus ihrem Schlaf zu erwecken. Kommen Hanfsamen mit Wasser in Berührung, aktiviert dies den Keimungsprozess und die in ihnen eingelagerten Enzyme. Sie beginnen dann langkettige Nährstoffe in aktive, kurzkettige Vitalstoffe umzuwandeln. Diese können dann vom heranwachsanden Pflanzenkeimling für ein schnelles und gesundes Wachstum genutzt werden. Auch wir können von diesem Vorgang profitieren: Die Nährstoffe aus aktivierten Hanfsamen sind für uns viel leichter verdaulich und reichhaltiger an Vitaminen und Vitalstoffen.

Lassen Sie Ihre Hanfsamen für drei Stunden einweichen, bevor Sie sie verwenden. Geben Sie die Hanfsamen mit ausreichend Wasser (mindestens doppelt so viel Wasser wie Samen) in eine

Hanfsamen – eine äußerst wertvolle Bereicherung für unsere Küche.

Schüssel. Dann kippen Sie das Wasser weg und können die aktivierten Hanfsamen verwenden.

## Hanfprotein und Hanfmehl

Wie wertvoll Hanfsamen sind, sieht man daran, dass selbst das, was bei der Gewinnung von Hanföl übrig bleibt, großen Nährwert hat. Schonendes Kaltpressen entzieht den Samen zunächst viel Öl, der Rest wird zum sogenannten Hanfmehl gemahlen. Es ist reich an wertvollen Proteinen und Ballaststoffen und kann noch zum sogenannten Hanfprotein weiterverarbeitet werden. Durch mehrmaliges Sieben werden Samenschalenreste entfernt, dadurch steigt der Anteil der Proteine, während der Ballaststoffanteil sinkt. Hanfprotein ist etwas heller als Hanfmehl und schmeckt auch weniger nussig.

Hanfmehl und Hanfprotein sind also ganz ähnliche Produkte, unterscheiden sich jedoch hinsichtlich ihres Gehaltes an Ballaststoffen und Proteinen, wie die folgende Tabelle zeigt.

**Durchschnittliche Nährwerte von Hanfprotein und Hanfmehl pro 100 Gramm**

| NÄHRSTOFF | HANFPROTEIN | HANFMEHL |
|---|---|---|
| Proteine | 50 g | 30 g |
| Ballaststoffe | 19,5 g | 50 g (Zum Vergleich: 100 g Roggenvollkornmehl: 14 g) |
| Fettsäuren | 9 g | 8 g |
| Kohlenhydrate | 4,5 g | 3 g |
| Energiewert | 345 kcal/1445 KJ | 303 kcal/1253 KJ |

Beide Produkte können ähnlich verwendet werden, zum Beispiel als Zugabe zu Smoothies, Shakes, Soßen, Porridge, Müslis oder in Joghurt. Bei Backrezepten können Sie zum Beispiel 15 Prozent des herkömmlichen Mehls durch Hanfprotein oder -mehl ersetzen, dadurch steigen der Protein- und Ballaststoffgehalt und damit auch der Nährwert Ihrer Backwaren. Ein paar Beispiele finden Sie bei den Rezepten.

Welches Produkt sollte man nun aber zu Hause haben? Hanfmehl oder Hanfprotein, oder beides? Mit Hanfmehl sind Sie in jedem Fall gut beraten. Es ist preisgünstiger als Hanfprotein und auch wegen des hohen Ballaststoffgehaltes eine gute Wahl. Die meisten von uns sind ausreichend mit Proteinen versorgt, unsere durchschnittliche Ernährung wird aber leider immer ballaststoffärmer. Die von der Deutschen Gesellschaft für Ernährung (DGE) täglich empfohlene Menge von mindestens 30 Gramm nimmt Untersuchungen zufolge nur jeder Vierte zu sich. Hanfmehl oder Hanfprotein sind eine willkommene Option, um einer Unterversorgung mit Ballaststoffen entgegenzuwirken, zudem können sie die Funktion des Endocannabinoid-Systems positiv beeinflussen. Menschen mit hohem Proteinbedarf wie zum Beispiel Sportler*innen können zu Hanfprotein greifen.

Auf Seite 43 finden Sie ein Rezept für einen gesunden und regenerierenden Fitnessshake mit Hanfeiweiß.

Hanfmehl und Hanfprotein bestehen aus viel gut verdaulichem Eiweiß, das alle essenziellen Aminosäuren enthält. Darunter auch Tryptophan, das unser Körper braucht, um Serotonin zu bilden. Die Aminosäuren Valin, Leucin und Isoleucin aus dem Hanf werden besonders von sportlich aktiven Menschen geschätzt. Sie fördern nämlich den Muskelaufbau und die Regeneration.

Hanfsamen gehören zu den wenigen pflanzlichen Eiweißquellen, die alle essenziellen Aminosäuren enthalten.

Daneben enthalten Hanfprotein und Hanfmehl mehr als acht Prozent wertvolle Fettsäuren und viele andere wichtige Nährstoffe. 100 Gramm würden zum Beispiel den täglichen Bedarf an Eisen, Zink, Magnesium und Vitamin B1 decken. Die Forschung beginnt sich allmählich für die gesundheitlichen Effekte von Hanfprotein zu interessieren. Eine 2020 begonnene kanadische Studie untersucht zum Beispiel, ob bei Menschen mit hohem Blutdruck die regelmäßige Einnahme von Hanfprotein eine positive Wirkung hat.

**Lieber pflanzliche als tierische Eiweiße**

Proteine aus dem Hanf sind ein vollwertiger Ersatz für tierisches Eiweiß und können dabei helfen, dieses in unserer Ernährung zu reduzieren oder zu vermeiden. Viele tun dies aus ethischen oder ökologischen Motiven, doch auch gesundheitliche Gründe sprechen dafür. Regelmäßiger und hoher Konsum von tierischem Eiweiß fördert die Alterung unserer Zellen und Gewebe, belastet die Säure-Basen-Balance und ist für viele Zivilisationsleiden wie Herz-Kreislauf-Erkrankungen, einige Krebsarten, Diabetes oder Demenz mitverantwortlich. Pflanzliche Proteine nähren den Körper, ohne ihn zu belasten, und kommen – wie auch bei den Hanfsamen – meist in Kombination mit anderen gesunden Nährstoffen wie den Ballaststoffen daher.

## Nutzhanftee

Von der Hanfpflanze muss nichts weggeschmissen werden, die Stängel sind für die industrielle Fasergewinnung interessant und Blätter und Blüten für die Herstellung von CBD-Produkten wie CBD-Ölen oder Nutzhanftee. Nutzhanftee – den wir auch für die Herstellung unseres CBD-Speiseöls verwenden – erfreut sich in den letzten Jahren zunehmender Beliebtheit. Er enthält nicht nur CBD, sondern noch einige Dutzend weiterer Cannabinoide, ätherische Öle und Farbstoffe aus dem Hanf. Diese können die Wirkung von CBD ergänzen oder mittels des sogenannten Entourage-Effektes (siehe nächstes Kapitel) verstärken.

Nutzhanftee wird unter anderem zur Entspannung, bei Schlafstörungen, stressbedingten Beschwerden, Ängstlichkeit und verschiedenen Schmerzformen empfohlen. Wie Sie den Tee am besten zubereiten, lesen Sie auf Seite 43.

Nutzhanftee enthält nicht nur CBD, sondern noch mehrere Dutzend weiterer Cannabinoide, ätherische Öle und Farbstoffe.

## Hanfblattpulver

Eine gute Quelle für Mineralien sind die Blätter des Nutzhanfs, die als feines Blattpulver im Handel erhältlich sind. Dieses können Sie in Säfte, Smoothies, Suppen, Dressings oder in Ihr Porridge geben. Ein wenig Blattpulver im Teig kann auch Ihre Backwaren aufwerten – besonders gut passt es im Vollkornbrot. Das Blattpulver ist reich an antioxidativen Farbstoffen (vor allem Karotine) und enthält besonders viel Eisen, Magnesium, Zink und Kalzium. Mit zehn Gramm des grünen Pulvers haben Sie bereits fast ein Drittel Ihres täglichen Kalziumbedarfs gedeckt. Je nach Hanfsorte enthält das Pulver auch 0,5 bis 1 Prozent CBD.

Nutzhanftee aus den Blüten des Nutzhanfs enthält besonders viel CBD.

## Zusammenfassung

Hanf bildet heilsame Wirkstoffe wie CBD aus, doch die Pflanze kann eindeutig mehr. Sie ist überaus vielseitig verwendbar, unter anderem auch als Nahrungsmittel. Dabei liefert sie nicht nur wertvolle und gesunde Nährstoffe wie zum Beispiel ein Komplettpaket aller essenziellen Aminosäuren, sie pflegt und stärkt zudem das Endocannabinoid-System und damit auch die Wirkung unserer körpereigenen Endocannabinoide und von Cannabis-Wirkstoffen wie CBD.

Wer CBD einnimmt, ist also gut beraten, zusätzlich Hanf-Lebensmittel wie Hanföl, Hanfsamen, Hanfprotein, Hanfmehl oder Nutzhanftee in seinen Speiseplan zu integrieren. Diese lassen sich vielseitig verwenden und geben Ihren Gerichten einen schmackhaften und gesunden Mehrwert.

Für eine Hanfmilch einfach Wasser, Hanfsamen und Salz in den Mixer geben und alles so lange mixen, bis die Flüssigkeit cremig ist.

# REZEPTE MIT HANF-LEBENSMITTELN

## WÜRZIGES SALATDRESSING MIT HANFÖL

**Für 4 Portionen**

- 3 EL Hanföl
- 2 EL Essig
- 1 EL Senf
- 1 EL Honig
- Salz, Pfeffer
- Salat nach Belieben

Alle Zutaten gründlich verrühren. Das Dressing über den vorbereiteten Salat gießen und mischen.

## HANFMILCH

**Für 500 ml**

- 200 ml Wasser
- 5 EL geschälte Hanfsamen
- 1 Prise Salz
- Datteln, Honig, Zimt oder Vanille nach Belieben

200 Milliliter Wasser mit Hanfsamen und Salz in den Mixer geben und alles so lange mixen, bis die Flüssigkeit schön cremig ist. Nach Belieben Datteln, Honig, Zimt oder Vanille mit in den Mixer geben. Durch ein feines Sieb gießen und mit 300 ml frischem Wasser auffüllen. Fertig ist die Hanfmilch! Tipp: Im Kühlschrank ist die Hanfmilch drei Tage lang haltbar.

## FITNESSSHAKE MIT HANFEIWEISS

**Für 1 Portion**

- 150 g Blattspinat oder Grünkohl
- 1 Apfel
- 1 Banane
- 3 EL Hanfmehl oder Hanfprotein
- 100 ml Milch (auch Sojamilch, Mandel-, Hanf- oder Haferdrink)
- 1 Prise Salz

Sämtliche Zutaten zusammen mit 100 ml Wasser in den Mixer geben und zu einem cremigen Shake mixen. Das gesunde und regenerierende Fitnessgetränk umfüllen und sofort genießen.

## NUTZHANFTEE

**Für 1 Portion**

- 1–2 TL Nutzhanftee
- Kokosfett, Milch, Pflanzendrink nach Belieben

Nutzhanftee mit 200 Milliliter siedendem Wasser überbrühen, zugedeckt 15 Minuten ziehen lassen, dann abgießen. Nach Belieben etwas Kokosfett, Milch oder Pflanzendrink zugeben. Das Fett erleichtert die Aufnahme von CBD.

## HANFKAKAO

**Für 1 Portion**

- 1 TL Nutzhanftee
- 20 g Rohkakao
- Süßungsmittel, z. B. Ahornsirup, Honig oder Agavendicksaft
- 1 Prise Cayennepfeffer

Nutzhanftee mit 250 Milliliter siedendem Wasser überbrühen. Zugedeckt so lange ziehen lassen, bis er nur noch etwas wärmer als Ihre Hand ist. Den Tee zusammen mit Rohkakao, Süßungsmittel und Cayennepfeffer in den Mixer geben und zu einem cremigen Kakao mixen.

# Das CBD-Speiseöl anreichern mit dem Entourage-Effekt

## Der Entourage-Effekt verstärkt die Wirkungen von CBD

Die Pflanzenheilkunde setzt selten isolierte pflanzliche Einzelstoffe ein, meist findet die ganze Pflanze Anwendung. Das hat gute Gründe, denn Erfahrung und Forschung zeigen, dass die ganze Pflanze oft deutlich stärker wirkt als einzelne Wirkstoffe allein. Wir können uns pflanzliche Wirkstoffe als Teamplayer vorstellen: Sie mögen zwar auch alleine wirksam sein, ihre volle Kraft entfalten sie aber erst im Verbund mit anderen.

Ein Paradebeispiel für derartige Synergieeffekte ist der Hanf. Die Cannabisforschung zeigt, wie Cannabinoide wie CBD davon profitieren, wenn sie zusammen mit anderen pflanzlichen Inhaltsstoffen aufgenommen werden. Diese fördern zum Beispiel die Aufnahme von CBD oder beeinflussen die Rezeptoren, über welche Cannabinoide wirken – ein Zusammenspiel, das Entourage-Effekt genannt wird (siehe auch Seite 28). Besonders die sogenannten Terpene führen zu zahlreichen Entourage-Effekten. Sie sind die Bestandteile der ätherischen Öle von Pflanzen, haben meist einen charakteristischen Geruch und sind leicht flüchtig, bei Zimmertemperatur verdampfen sie schon.

> Das Zusammenspiel von Terpenen und Cannabinoiden wie CBD wird Entourage-Effekt genannt.

Besonders reich an Terpenen sind aromatische Heilpflanzen, von denen wir Ihnen in diesem Kapitel vier vorstellen. Sie erlauben uns, der Wirkung des CBD-Speiseöls eine gewisse Richtung zu geben. So können wir zum Beispiel durch Zugabe von Orangenschalen die antidepressiven oder mit Lavendel die angstlösenden Effekte von CBD stärken. Die terpenreichen Heilpflanzen können Sie einfach zu unserem Grundrezept hinzugeben, die fettlöslichen und hitzestabilen Terpene treten bei der Zubereitung in das Öl über.

## So finden Sie die richtige Ergänzung für Ihr CBD-Speiseöl

In den nächsten Abschnitten lernen Sie vier Heilpflanzen kennen, die sich gut mit dem CBD-reichen Nutzhanf kombinieren lassen: Hopfen, Lavendel, Orangenschale und Rosmarin. Lesen Sie sich alle Beschreibungen durch und überlegen Sie sich, welche der angesprochenen Thematiken am besten zu Ihnen passt. Bei der Wahl der passenden Ergänzung kann auch die folgende Tabelle hilfreich sein, bei der Sie eine Reihe häufiger Erkrankungen und Beschwerden den vier Heilpflanzen zugeordnet finden.

Bisweilen führen wir mehrere Alternativen bei einer Heilanzeige auf. Vergleichen Sie dann die entsprechenden Porträts, um die Heilpflanze zu finden, die am besten zu Ihnen passt. Überschneidungen gibt es vor allem bei Hopfen, Lavendel und Orangenschale. Dazu lässt sich prinzipiell sagen, dass Hopfen eher bei angespannten, Lavendel bei ängstlichen und Orangenschalen bei niedergeschlagenen Personen hilfreich ist.

Sie müssen Ihr CBD-Speiseöl natürlich nicht anreichern. Sollten Ihnen keine der vorgestellten Ergänzung passend erscheinen, können Sie es auch pur anwenden.

Welche Ergänzung passt zu Ihnen? Studieren Sie die Tabelle auf der nächsten Seite und die Heilpflanzenporträts.

CBD ist ein Teamplayer, seine Wirkung verstärkt sich im Zusammenspiel mit anderen Wirkstoffen wie Lavendelöl.

Vier Heilpflanzen für häufige Beschwerden und Erkrankungen

| ERKRANKUNG/BESCHWERDE | ERGÄNZENDE HEILPFLANZE FÜR DAS CBD-SPEISEÖL |
|---|---|
| Abwehrschwäche | Orangenschale |
| Aggressionen | Hopfen |
| Ärger | Hopfen |
| Ängste | Hopfen, Lavendel oder Orangenschale |
| Arthritis | Hopfen oder Rosmarin |
| Blähungen | Hopfen oder Orangenschale |
| Burn-out | Hopfen oder Orangenschale |
| Darmerkrankungen (chronisch entzündliche) | Hopfen |
| Depressive Verstimmung | Orangenschale |
| Detox | Orangenschale |
| Erschöpfung | Rosmarin |
| Fibromyalgie | Hopfen |
| Heißhunger | Hopfen |
| Herzneurose | Lavendel |
| Heuschnupfen | Orangenschale |
| Hypochondrie | Lavendel |
| Infektanfälligkeit | Orangenschale |
| Konzentrationsschwierigkeiten | Rosmarin |
| Kopfschmerzen | Hopfen oder Rosmarin |
| Krebs | Orangenschale |
| Lampenfieber | Lavendel |
| Libidoverlust | Rosmarin |
| Magenschmerzen | Hopfen |

| ERKRANKUNG/BESCHWERDE | ERGÄNZENDE HEILPFLANZE FÜR DAS CBD-SPEISEÖL |
|---|---|
| Merkschwierigkeiten | Rosmarin |
| Migräne | Orangenschale, Hopfen oder Lavendel |
| Muskelschmerzen | Rosmarin |
| Müdigkeit | Rosmarin |
| Nervosität | Lavendel |
| Phobien | Lavendel |
| Raucherentwöhnung | Hopfen oder Lavendel |
| Regelschmerzen | Hopfen oder Rosmarin |
| Reizblase | Hopfen |
| Reizdarm | Lavendel |
| Reizmagen | Hopfen oder Lavendel |
| Rheumatische Erkrankungen | Hopfen |
| Rückenschmerzen | Hopfen |
| Schlafstörungen | Hopfen; bei starker Unruhe, Ängsten oder Albträumen: Lavendel |
| Sodbrennen | Hopfen |
| Somatoforme Störungen | Lavendel |
| Stress | Hopfen oder Orangenschale |
| Stressbedingte Beschwerden wie Verdauungsbeschwerden | Hopfen |
| Stressessen | Hopfen |
| Traurigkeit | Orangenschale |
| Unruhe | Lavendel |
| Verspannungen | Hopfen |
| Wechseljahresbeschwerden | Hopfen |

## Hopfen für mehr Entspannung und erholsamen Schlaf

Hanf hat einen nahen Verwandten, der wahrscheinlich auch in Ihrer Nachbarschaft gedeiht: Hopfen. Hopfen und Cannabis zählen zur Familie der Hanfgewächse (Cannabaceae) und weisen ähnliche Eigenschaften auf. Beide wachsen kräftig und schnell und gerne in Menschennähe. In beiden finden wir die Heilkräfte vor allem in den weiblichen Blüten konzentriert, die ein ähnliches Aroma verbreiten. So kann es vorkommen, dass Drogenspürhunde, die darauf trainiert sind, Cannabis zu erschnuppern, beim Geruch von Hopfen denken, sie wären fündig geworden. Das liegt unter anderem am scharf und pfeffrig riechenden ätherischen Öl Caryophyllen (Beta-Caryophyllen).

Der Hopfen breitet sich in den letzten Jahrzehnten zunehmend in unseren Siedlungen aus, er klettert über Zäune und überwuchert Büsche oder kleinere Bäume. Im Herbst baumeln an den weiblichen Exemplaren die Hopfenzapfen wie kleine Glöckchen. Diese werden seit Jahrhunderten nicht nur bei der Bierherstellung, sondern auch in der Pflanzenheilkunde angewendet, und finden in den letzten Jahren vermehrt Zuspruch.

Hopfen ist nämlich die perfekte Heilpflanze für unseren modernen und meist stressigen Alltag. Er ist genau richtig, wenn wir überfordert sind, wenn der Stress uns schwächt und der Schlaf nicht erholsam ist. Sind wir anhaltendem oder wiederkehrendem Stress ausgesetzt, gelingt es unserem vegetativen Nervensystem nicht mehr, die Balance zu halten. Es besteht aus zwei Bereichen: dem Sympathikus, der dafür zuständig ist, uns auf Touren zu bringen, und dem Parasympathikus, der dafür sorgt, dass wir zur Ruhe kommen, genesen, gut schlafen, uns erholen und Energien tanken. Dieser Ruhemodus kommt in unserem oft hektischen Alltag nicht selten zu kurz, obwohl wir ihn sehr gut brauchen könnten, um für unsere Belastungen die notwendigen Energien zu tanken.

Der Parasympathikus hilft uns, zur Ruhe zu kommen und Kraft zu tanken.

Über Heilpflanzen wie den Hopfen können wir unseren Parasympathikus stärken, diese Wirkung kann sehr rasch einsetzen.

Bereits im Mund sorgen seine Bitterstoffe wie Humulon und Lupulon über eine Interaktion mit unseren Bitterrezeptoren für eine Beruhigung des vegetativen Nervensystems. Der Herzschlag beruhigt sich, die Verdauung und die damit einhergehende Kräftigung und Regeneration werden angeregt. Nur wenige Minuten später aktivieren beide Bitterstoffe im Gehirn Nervenrezeptoren, die unsere Ängste dämpfen und dafür sorgen, dass wir gelassener werden.

Andere Wirkstoffe aus dem Hopfen unterstützen diese Wirkungen. Dazu zählt auch das bereits erwähnte Terpen Caryophyllen, das die Wissenschaft neuerdings zu den Cannabinoiden zählt. Schließlich interagiert es wie andere Cannabinoide mit unserem Endocannabinoid-System und entfaltet dort seine entzündungshemmenden, angstlösenden, schmerzstillenden und anti-

Die kraftvolle Kletterpflanze Hopfen ist heute ein beliebtes Beruhigungsmittel.

Caryophyllen kann das Gefühl von Zufriedenheit nach CBD-Einnahme steigern.

depressiven Wirkungen. Caryophyllen unterstützt über den Entourage-Effekt zudem die Wirkung von CBD, denn durch eine Wechselwirkung mit dem Enzym CYP3A4 kann es unter anderem dafür sorgen, dass wir mehr CBD aufnehmen. Daneben fördert Caryopyhllen die Wirkung von CBD auf unser Belohnungssystem, was dazu führen kann, dass wir uns nach der Einnahme von CBD zufrieden fühlen. Dieser Effekt kann auch bei der Entwöhnung von Süchten wie der Nikotinsucht hilfreich sein.

So verstärkt Caryophyllen die Wirkweise von CBD

| ENTOURAGE-EFFEKTE VON CARYOPHYLLEN BEI CBD |
| --- |
| Verstärkung der entzündungshemmenden Wirkung |
| Verstärkung der positiven Wirkung auf unser Belohnungssystem |
| Förderung der Aufnahme von CBD |

Myrcen macht Hopfen zu einem pflanzlichen Schmerzmittel.

Ein weiteres Terpen, das für den charakteristischen Geruch des Hopfens sorgt, führt bei CBD zu einem Entourage-Effekt: Myrcen. Myrcen unterstützt die entspannenden Eigenschaften anderer Hopfen-Inhaltsstoffe: Es fördert den Schlaf, hebt die Stimmung und beruhigt. Myrcen wirkt muskelentspannend und kann damit helfen, Verspannungen zu lösen. Es hemmt Entzündungen und lindert Schmerzen, was den Einsatz von Hopfen als pflanzliches Schmerzmittel erklärt. Als solches wird er zum Beispiel bei Rückenschmerzen, rheumatischen Erkrankungen, Fibromyalgie, Menstruationsbeschwerden oder Migräne angewandt. Bei den drei letztgenannten Diagnosen kann die Kombination von Hopfen und CBD besonders effektiv sein. Bei diesen Beschwerden scheint ein Mangel Endocannabinoiden beteiligt zu sein, bei dem CBD helfen kann.

So verstärkt Myrcen die Wirkweise von CBD

| ENTOURAGE-EFFEKTE VON MYRCEN BEI CBD |
|---|
| Verstärkte Aufnahme von Cannabinoiden ins zentrale Nervensystem |
| Verstärkung der schmerzstillenden Wirkung |
| Verstärkung der schlaffördernden Wirkung |
| Verstärkung der entzündungshemmenden Wirkung |

Bei Regelschmerzen und Wechseljahresbeschwerden sind die Farbstoffe des Hopfens von Bedeutung, da sie mit Östrogenrezeptoren interagieren.

Hopfen und Cannabis ähneln sich nicht nur, sie können sich auch sehr gut ergänzen, denn die Terpene Myrcen und Caryophyllen fördern viele Eigenschaften von CBD. Die Kombination von Hopfen und CBD-haltigem Nutzhanf scheint unter anderem bei chronisch entzündlichen Darmerkrankungen, Fibromyalgie, Schlafstörungen, Kopfschmerzen, Regelschmerzen, Reizblase, rheumatischen Erkrankungen, Rückenschmerzen, Stress und stressbedingten Beschwerden, Verspannungen, Wechseljahresbeschwerden und der Raucherentwöhnung sinnvoll. Ein mit Hopfen angereichertes CBD-Speiseöl ist in diesen Fällen eine gute Option, um den Körper zu unterstützen.

CBD und Hopfen sind unter anderem bei stressbedingten Beschwerden eine gute Kombination.

## Mit Lavendel gegen Angst und Unruhe

Der Studienkreis „Entwicklungsgeschichte der Arzneipflanzenkunde“ am Institut für Geschichte der Medizin der Universität Würzburg kürte den Echten Lavendel (Lavandula angustifolia) zur Arzneipflanze des Jahres 2020. Kaum eine andere Heilpflanze ist so populär wie das zur Familie der Lippenblütler zählende Gewächs mit den violetten Blüten. In Deutschland kennen wir den Lavendel vor allem als Gartenpflanze und Heilkraut, seine Blüten werden zum Beispiel bei nervöser Unruhe, Ängstlichkeit, Schlafstörungen, Migräne oder Schmerzen empfohlen. In Frankreich, Italien und Spanien finden wir Lavendelblüten auch in vielen Gerichten, sie werden gerne zum Verfeinern von Suppen, Fleischgerichten oder Desserts genommen. Das würzige Aroma des Lavendels erinnert etwas an Rosmarin. Seine Eigenschaften als Heil- und Gewürzpflanze und insbesondere sein ätherisches Öl machen ihn auch für die Ergänzung unseres CBD-Speiseöls interessant.

Lavendelblüten sind reich an ätherischem Öl, dieses besteht aus unterschiedlichen Terpenen, von denen einige über den Entourage-Effekt die Wirkung von CBD beeinflussen. Der Hauptbestandteil des ätherischen Öls ist das Terpen Linalool. Es verleiht den Lavendelblüten seinen blumigen Duft und ist bei Menschen derart beliebt, dass jedes Jahr mehrere Tausend Tonnen davon für die Parfumherstellung produziert werden müssen. Linalool beeinflusst den Stoffwechsel unserer Neurotransmitter GABA und Glutamin und wird dadurch bei Schmerzen, Ängsten, Depressionen und Suchterkrankungen empfohlen. Zudem fördert es diverse Wirkungen von CBD.

Linalool wirkt unter anderem auf Botenstoffe des zentralen Nervensystems.

So verstärkt Linalool die Wirkweise von CBD

| ENTOURAGE-EFFEKTE VON LINALOOL BEI CBD |
|---|
| Verstärkung der antiepileptischen Wirkung |
| Verstärkung der angstlösenden Wirkung |
| Verstärkung der schmerzstillenden Wirkung |

Im Mittelalter verbreiteten Mönche den im Mittelmeerraum heimischen Lavendel in ganz Europa.

Neben Linalool findet sich im Lavendel auch Caryophyllen, das Sie bereits beim Hopfen kennengelernt haben. Caryophyllen fördert die Aufnahme von CBD und sorgt für mehr Zufriedenheit nach CBD-Konsum. In den Lavendelblüten sind auch Spuren von Limonen enthalten, das die stimmungsaufhellenden Wirkungen von CBD fördert. Mit diesem Terpen beschäftigen wir uns im folgenden Abschnitt bei der Beschreibung der Orangenschalen ausführlicher.

Die Kombination von Lavendel und CBD ist bei somatoformen Störungen eine gute Wahl.

Die Kombination von CBD und Lavendel ist besonders bei ängstlichen, unruhigen oder zu Hypochondrie neigenden Menschen eine gute Wahl. Sie ist bei unterschiedlichen Ängsten wie Lampenfieber, Phobien, Schlafstörungen und somatoformen Störungen sinnvoll. Bei somatoformen Störungen lassen sich keine oder nicht ausreichende medizinische Befunde für körperliche Symptome finden. Dazu zählt zum Beispiel die Herzneurose, bei der die betroffene Person Angst hat, unter einer Herzerkrankung zu leiden. Auch wenn die ärztliche Untersuchung eine Herzerkrankung ausschließt, kann die Angst für unangenehme, aber ungefährliche Beschwerden sorgen.

Bei Reizmagen und Reizdarm ist Lavendel ebenfalls eine gute Ergänzung zu CBD.

## Orangenschale für gute Laune und starke Nerven

Die Aromatherapie empfiehlt die ätherischen Öle vieler Zitrusfrüchte bei Energielosigkeit, Stress, Traurigkeit oder depressiver Verstimmung. Ihre belebende und stimmungsaufhellende Wirkung ist dem Terpen Limonen geschuldet, von dem wir besonders viel im ätherischen Öl von Orangenschalen finden. Es besteht zu 90 Prozent aus Limonen.

Limonen wirkt darüber hinaus angstlösend. Einer 2019 publizierten iranischen Studie zufolge reduzierte ätherisches Orangenöl Angstzustände bei Menschen mit Herzerkrankungen. Eine 2018 veröffentlichte iranische Studie verglich die Wirkung der ätherischen Öle von Lavendel und Orangen bei Frauen, die unter Ängsten litten. Die beobachteten positiven Effekte waren durchaus vergleichbar. Ähnlich wie Linalool verstärkt auch Limonen die angstlösenden Effekte von CBD.

Nicht nur das Fruchtfleisch, auch die Schale der Orange fördert unsere Gesundheit.

So verstärkt Limonen die Wirkweise von CBD

| ENTOURAGE-EFFEKTE VON LIMONEN BEI CBD |
| --- |
| Verstärkung der antioxidativen Wirkung |
| Verstärkung der angstlösenden Wirkung |
| Verstärkung der antidepressiven Wirkung |
| Verstärkung der stresslindernden Wirkung |
| Verstärkung der immunstimulierenden Wirkung |
| Verstärkung der antitumoralen Wirkung |

> Die Kombination von CBD und Limonen fördert die Entgiftung.

Die Kombination von CBD und Limonen ist also bei Niedergeschlagenheit, hohen psychischen Belastungen, Stress und Ängsten sinnvoll. Ein weiterer interessanter Aspekt der Kombination von CBD und Limonen ist die Wirkung auf das Immunsystem. Beide Stoffe fördern die Aktivität unserer Abwehrzellen und können damit bei Infektanfälligkeit hilfreich sein. Sowohl Limonen als auch CBD können zudem die Wirksamkeit von einzelnen Antibiotika verstärken.

Aufgrund der antiallergischen Wirkung von Orangenschalen ist die Kombination mit CBD auch bei Heuschnupfen eine Option.

Indem Limonen die antioxidativen Eigenschaften von CBD fördert, stärkt es das körpereigene Entgiftungssystem. Unser CBD-Speiseöl mit Orangenschalen kann daher eine Detox-Kur unterstützen.

Nicht nur die Forschung, auch viele Betroffene interessieren sich für die krebswidrigen Eigenschaften von CBD. CBD stört den Stoffwechsel vieler Krebszellen und dadurch ihr Wachstum und ihre Verbreitung. Diese Effekte zeigen sich vor allem in der Grundlagenforschung. Aus der klinischen Forschung mit Menschen gibt es leider erst wenige Daten, die beurteilen lassen, ob CBD tatsächlich ein vielversprechendes Krebsmedikament ist und welche Dosierungen nötig wären. Erste Ergebnisse lassen vermuten, dass CBD unter anderem den Effekt von Chemo- und Strahlentherapie verstärken und bei einer Reihe von Beschwerden und Nebenwirkungen hilfreich sein kann. Interessant ist zudem, dass besonders aggressive Krebsarten besonders gut auf die Therapie mit Cannabinoiden wie CBD anzusprechen scheinen. Einzelne Fallstudien und Anwendungsbeobachtungen zeigen einen beachtlichen Rückgang der Tumormasse bei Menschen mit verschiedenen Krebserkrankungen, die CBD einnahmen. Es ist wünschenswert, dass diese vielversprechenden Ergebnisse bald in klinischen Studien überprüft werden.

Der Stoff Limonen könnte dabei in Zukunft eine Rolle spielen, dann er verstärkt die krebswidrigen Eigenschaften von CBD.

Limonen fördert die krebswidrigen Eigenschaften von CBD.

Unser CBD-Speiseöl können wir mit getrockneten Orangenschalen herstellen, diese enthalten viel Limonen. Sie können die Orangenschalen selbst trocknen – dafür verwenden Sie am besten Bio-Orangen – oder in einer Apotheke oder in einem Kräuterladen kaufen. Bis heute spielen Orangenschalen in der Pflanzenheilkunde eine wichtige Rolle. Sie werden von der Pomeranze gewonnen und unter anderem als sanftes Stärkungsmittel für Magen und Nerven angewandt. Auch bei Migräne werden sie empfohlen, besonders wenn die Kopfschmerzen mit Verdauungsbeschwerden einhergehen.

## Rosmarin für mehr Konzentration und Wachheit

Es gibt eine Reihe von Heilpflanzen, die durchblutungsfördernd wirken. Dazu zählt auch der Rosmarin, er sorgt zum Beispiel dafür, dass die Gefäße in unserem zentralen Nervensystem mehr Blut transportieren. Indem wir die Durchblutung eines bestimmten Organs steigern, fördern wir dessen Leistung, denn mehr Blut bedeutet auch mehr Nährstoffe, die den Stoffwechsel der Zellen befeuern. So kann der Rosmarin dafür sorgen, dass unser Gehirn mehr leistet, er fördert Konzentration, Wachheit und Merkfähigkeit.

Rosmarin fördert unsere Konzentration, Wachheit und Merkfähigkeit.

Seine Wirkung verdankt er seinem ätherischen Öl, das neben durchblutungsfördernden Kampferstoffen auch den Stoff Pinen (Alpha-Pinen) enthält. Die Alzheimerforschung konnte zeigen,

dass das nach Nadelbäumen duftende Pinen unsere Merkfähigkeit positiv beeinflusst.

Rosmarin kann auch die Durchblutung unseres Beckens erhöhen, weswegen er zum Beispiel bei sexueller Unlust oder ausbleibender Menstruationsblutung eingesetzt wird und im antiken Griechenland der Liebesgöttin Aphrodite geweiht war. Als Heilpflanze wurde Rosmarin aber erst im Mittelalter richtig populär, als er unter anderem in vielen europäischen Klostergärten angebaut wurde. Die moderne Pflanzenheilkunde setzt den Rosmarin unter anderem bei Migräne, nervöser Erschöpfung, Antriebslosigkeit, Schwindelgefühlen, Kreislaufschwäche und – äußerlich – bei rheumatischen Erkrankungen und Erkältungen ein.

Rosmarin wird als würziger Kaffeeersatz geschätzt.

So verstärkt Pinen die Wirkweise von CBD

| ENTOURAGE-EFFEKTE VON PINEN BEI CBD |
| --- |
| Verstärkung der gedächtnisstärkenden Wirkung |
| Verstärkung der wachmachenden Wirkung |
| Verstärkung der antidepressiven Wirkung |
| Verstärkung der entzündungshemmenden Wirkung |

CBD kann nicht nur den Schlaf, sondern auch den Wachzustand fördern. Das Terpen Pinen aus dem Rosmarin hilft dabei, diesen Aspekt zu stärken. Die belebende Kombination von CBD und Pinen kann darüber hinaus auch bei Konzentrationsstörungen und Schwierigkeiten, sich etwas zu merken, sinnvoll sein.

### Zusammenfassung

CBD ist ein Teamplayer, seine Wirkung verstärkt sich im Zusammenspiel mit anderen Wirkstoffen. Besonders die Terpene von ätherischen Ölen spielen hier eine wichtige Rolle, mit ihnen können wir über den Entourage-Effekt einzelne Eigenschaften von CBD fördern. Wenn wir unser CBD-Speiseöl mit den Terpenen Pinen, Myrcen, Limonen, Linalool oder Caryophyllen anreichern, geben wir nicht nur seinem Geschmack, sondern auch seiner Wirkung eine individuelle Note.

## Das Endocannabinoid-System pflegen – die Wirkung von CBD verstärken

Unser Lebensstil beeinflusst die Funktion des Endocannabinoid-Systems.

Sie wissen jetzt, wie CBD Ihr Endocannabinoid-System stärkt und wie es dabei durch Fettsäuren oder Terpene unterstützt werden kann. Sie können Ihr Endocannabinoid-System und damit auch die Wirkung von CBD aber noch anderweitig beeinflussen, besser gesagt, Sie tun es bereits – ohne es zu wissen. Das Endocannabinoid-System ist unmittelbar von Ihren alltäglichen Entscheidungen betroffen. Es reagiert darauf, was und wie viel Sie essen, wie viel Sie sich bewegen, ob Sie zu Alkohol oder Zigaretten greifen und welche Bakterienstämme sich in Ihren Gedärmen tummeln.

Der amerikanische Wissenschaftler John McPartland konnte aufzeigen, wie unser Lebensstil die Bildung von Endocannabinoiden und Cannabinoid-Rezeptoren beeinflusst. Seine Forschungen lassen sich folgendermaßen zusammenfassen: Wer gesund lebt, fördert sein Endocannabinoid-System.

Ein gesunder Lebensstil wird also nicht nur durch eine höhere Lebenserwartung und -qualität belohnt, sondern – dank der stimmungsaufhellenden Wirkung von Endocannabinoiden wie Anandamid – auch durch mehr Wohlbefinden und höhere Zufriedenheit. Und nicht nur das: Wer gesund lebt, stärkt die vielen verschiedenen Funktionen des Endocannabinoid-Systems, er unterstützt die Regulation von Schlaf, Erholung, Stress, Immunsystem oder Hautgesundheit. Zudem kann ein gesunder Lebensstil die Wirkung von CBD und damit unseres CBD-Speiseöls verstärken, da ein starkes Endocannabinoid-System die Wirkung von CBD fördert. Was das Endocannabinoid-System stärkt und was es schwächt, ist in der folgenden Tabelle aufgeführt.

Bei vielen durch den Lebensstil bedingten Erkrankungen spielt das Endocannabinoid-System eine wichtige Rolle.

Vielleicht motivieren Sie die Zusammenhänge zwischen Lebensstil und Endocannabinoid-System, Ihren gesunden Lebensstil beizubehalten oder zu ergänzen. Wahrscheinlich wird Sie nicht wirklich überraschen, was Sie in der Tabelle lesen. Sie wissen sicher, dass regelmäßige Bewegung (am besten im Freien), Entspannung und eine ballaststoffreiche und kalorienbewusste Ernährung gut, und übermäßiges Essen, viele Chemikalien und chronischer Stress von Nachtteil sind.

Meditation für Achtsamkeit oder Mitgefühl fördern die Produktion des Endocannabinoids Anandamid.

Wie unser Lebensstil das Endocannabinoid-System beeinflusst

| STÄRKT DAS ENDOCANNABINOID-SYSTEM | SCHWÄCHT DAS ENDOCANNABINOID-SYSTEM |
|---|---|
| Entspannungstechniken wie Meditation oder Yoga | Chronischer Stress |
| Omega-3-Öle, hochwertige pflanzliche Öle | Omega-6-Öle (im Übermaß), tierische Fette |
| Fastenzeiten (auch Intervall-fasten) und/oder kalorien-bewusste Ernährung | Hoher Zucker- und Fettkonsum |
| Normalgewicht | Übergewicht |
| Sportliche Aktivität | Bewegungsmangel |
| Probiotische Lebensmittel (z. B. Joghurt, Kefir, Sauerkraut, Kimchi, Kombucha, Apfelessig, milchsauer fermentiertes Gemüse) und Ballaststoffe | Einseitige, ballaststoffarme Ernährung mit wenig Gemüse |
| Sonnenlicht (in Maßen) | Wenig Aufenthalt im Freien |
| Scharfe Gewürze, wie Chilis (Wirkstoff Capsaicin) und schwarzer Pfeffer (Wirkstoff Guinesin) | |
| Massage, Zärtlichkeit, körperliche Nähe | Soziale Isolation |
| Kakao | Alkohol, Nikotin |
| Reduktion potenziell schädlicher Chemikalien wie Pestizide und Weichmacher | Pestizide und Weichmacher |

Die Tabelle bekräftigt auch, wie sinnvoll es ist, Hanf als Lebensmittel zu nutzen. Die Zusammensetzung seiner Fettsäuren nährt das Endocannabinoid-System, während sein hoher Gehalt an Ballaststoffen unsere gesunde Darmflora fördert, was sich wiederum günstig auf das Endocannabinoid-System auswirkt. Zudem sind Hanflebensmittel sehr oft frei von Pestiziden und anderen Chemikalien, da der Anbau von Hanf ohne den Einsatz derartiger Substanzen auskommt. Wie sich Hanf als Lebensmittel in Ihren Speiseplan integrieren lässt, sehen Sie im Rezeptteil des Buches. Dort sind auch andere Empfehlungen aus der Tabelle berücksichtigt. Viele Rezepte kommen mit wenig Zucker aus, fördern die Darmflora, liefern wertvolle Fettsäuren und andere Stoffe, die das Endocannabinoid-System fördern. Auch scharfe Gewürze können sich positiv auf das Endocannabinoid-System auswirken. Der Wirkstoff Guinesin aus dem schwarzen Pfeffer verhindert zum Beispiel den Abbau unseres körpereigenen Anandamids und sorgt für eine verlängerte Wirksamkeit dieses wertvollen Botenstoffes.

> Hanf als Lebensmittel fördert das Endocannabinoid-System und die Wirkung von CBD.

## Massagen steigern unsere Anandamidspiegel

Der körpereigene Spiegel des Wohlfühlstoffes Anandamid wird immer angehoben, wenn wir uns entspannen. So sind zum Beispiel schon kurzfristige Massagen sehr wirkungsvoll. In einer Studie steigerten entspannende Massagen die körpereigenen Anandamidwerte um 170 Prozent. Andere Entspannungstechniken wie Meditation, autogenes Training, Yoga oder Qigong führen vermutlich zu vergleichbaren Effekten. Die gleichzeitige Einnahme von CBD dürfte diesen Prozess fördern, indem es einerseits den Abbau von Anandamid hemmt, andererseits durch seine stress- und angstlösenden Eigenschaften die Entspannung fördert, was wiederum die Produktion des Wohlfühlstoffes ankurbelt. Wer CBD in seine tägliche Ernährung einbaut, kann sich also nicht nur wahrscheinlich besser entspannen, sondern auch die Effektivität von Entspannungsverfahren steigern.

CBD wirkt gegen Hauttrockenheit und Alterungsprozesse der Haut.

Für eine Massage ist zum Beispiel ein CBD-haltiges Massageöl eine interessante Idee. Bisherige Studien zeigen, dass CBD auch über die Haut aufgenommen werden kann und zudem pflegende Eigenschaften hat. So fördert es die Feuchtigkeit und Elastizität der Hautschicht, indem es die Bildung von Hautfetten reguliert, weshalb CBD-haltige Pflegeprodukte unter anderem bei trockener Haut empfohlen werden. Erste Studien weisen CBD auch deutliche Anti-Aging-Effekte nach, diese werden mit den entzündungshemmenden Eigenschaften des Hanfwirkstoffes in Verbindung gebracht.

Ein CBD-haltiges entspannendes und pflegendes Massageöl können Sie selbst herstellen. Es kann zur Hautpflege, für Massagen, aber auch für das Liebesspiel verwendet werden.

### CBD-haltiges Massageöl selbst herstellen

Sie brauchen:

- 100 Milliliter hochwertiges pflanzliches Öl (zum Beispiel Sesam-, Mandel- oder Jojobaöl)
- 5 Milliliter 5-prozentiges Vollspektrum-CBD-Öl
- 6 Tropfen ätherisches Jasminöl

Alles mischen und in ein geeignetes Fläschchen füllen. Anschließend die Mischung kräftig schütteln.

10 Milliliter Massageöl enthalten knapp 25 Milligramm CBD, mehr als diese Menge sollten Sie pro Tag nicht anwenden. Vollspektrum-CBD-Öle enthalten Sie bei verschiedenen Herstellern, auch beim Café Canna (siehe Anhang).

## Rohkakao nährt das Endocannabinoid-System

Auch diverse Lebensmittel beeinflussen das Zusammenspiel unserer Endocannabinoide. Zu den beliebtesten zählt eindeutig die Kakaobohne und die aus ihr hergestellten Produkte wie Schokolade. Dass Schokoladenprodukte glücklich machen können, haben Sie sicher schon selbst erlebt. Das liegt nicht nur an den meist hohen Zuckermengen, wie lange vermutet wurde. Die Kakaobohne selbst enthält verschiedene Substanzen, die unsere Psyche beeinflussen. Sie wirken unter anderem stimmungsaufhellend, energetisierend und euphorisierend. Ein Teil dieser Substanzen wirkt durch spezielle Fettsäureverbindungen, sogenannte N-Acylethanolamine, auch über das Endocannabinoid-System. Diese sorgen unter anderem dafür, dass Anandamid langsamer abgebaut wird, zudem enthält Kakao selbst Anandamid. Diese Stoffe unterstützen die bekannten Einflüsse von Kakao auf unseren Hirnstoffwechsel, die sich Studien zufolge positiv bei depressiver Verstimmung, Hoffnungslosigkeit und Hilflosigkeit auswirken können. Wer sein Endocannabinoid-System und die Wirkung von CBD auf seinen Organismus unterstützen will, ist mit der Kakaobohne also sehr gut bedient. Die besten Ergebnisse sind wohl vom Einsatz von Rohkakao zu erwarten, der in den letzten Jahren zunehmend beliebter wird.

> Fettsäuren aus dem Kakao fördern den Anandamidhaushalt.

Berlin ist für ausgelassene Partys berühmt, bei denen leider auch eine Vielzahl von ungesunden Substanzen konsumiert werden. In der deutschen Hauptstadt werden jedoch auch neue Akzente gesetzt: Regelmäßig treffen sich Menschen, um statt illegale Drogen und Alkohol Rohkakao zu konsumieren. Sie trinken ein Kakaogetränk und viele erleben danach beim gemeinsamen Tanzen rauschähnliche Zustände, fühlen sich ausgeglichen, euphorisiert und glücklich. Bei sogenannten Kakao-Zeremonien geht es ähnlich zu. Man trinkt gemeinsam Kakao, meditiert danach und praktiziert Yoga in einer durch den Kakaokonsum entspannten, kreativen und heilsamen Stimmung. Mit herkömm-

Die leicht berauschende Wirkung von Kakao wird bei sogenannten Kakao-Partys geschätzt.

lichem Kakao wäre das nicht so einfach zu erreichen, denn dieser wird nach der Fermentation geröstet, wobei viele wertvolle Inhaltsstoffe verloren gehen. Rohkakao hingegen wird nicht erhitzt und hat daher noch die ursprüngliche Wirkung der Kakaobohne auf unsere Psyche. Besonders zur Geltung kommt dies bei Rohkakao in sogenannter Zeremonienqualität, der auch bei den Kakao-Zeremonien oder -Partys verwendet wird. Dieser wird meist aus der besonders wertvollen Criollo-Bohne gewonnen und schonend geerntet und verarbeitet.

Kakaowirkstoffe stimulieren das Gehirn und das Endocannabinoid-System.

Im Anhang finden Sie ein paar Bezugsquellen für Rohkakao in Zeremonienqualität. Er lässt sich auch mit CBD kombinieren.

**Hanfkakao – ein nährendes Getränk aus Nutzhanf und Rohkakao**

Bereiten Sie zunächst einen Nutzhanftee zu. Übergießen Sie hierfür 1 Teelöffel Nutzhanftee mit 250 Milliliter siedendem Wasser und lassen Sie den Tee zugedeckt so lange ziehen, bis er nur noch etwas wärmer als Ihre Hand ist. Geben Sie den Tee nun zusammen mit 20 Gramm Rohkakao, etwas Süßungsmittel wie Ahornsirup, Honig oder Agavendicksaft und einer Prise Cayennepfeffer in den Mixer.

Der regelmäßige Konsum von Kakao kann sich nicht nur auf unser Seelenleben positiv auswirken. Kakao zählt zu den am besten erforschten Heilpflanzen und stärkt verschiedene Körperfunktionen. Studien zufolge lindert Kakaokonsum Erschöpfung, steigert die Konzentration und körperliche Leistung, verbessert den Fettstoffwechsel, stärkt unser Entgiftungssystem und stimuliert das Immunsystem.

Bei seiner Anwendung sollten Sie aber auch ein paar Dinge beachten. Bei einer Allergie gegen Kakaoprodukte dürfen Sie ihn natürlich nicht zu sich nehmen, und auch während der Schwangerschaft, bei Erkrankungen des Herz-Kreislauf-Systems und bei psychischen Erkrankungen wenden Sie Rohkakao bitte nur mit ärztlichem Einverständnis an. Wenn Sie MAO-Hemmer (Antidepressiva) einnehmen, kann es zu Wechselwirkungen kommen.

Darüber hinaus kann Rohkakao unerwünschte Nebenwirkungen haben, wenn er in größeren Mengen konsumiert wird.

- Er kann in größeren Mengen Migräneanfälle und kurzfristige Übelkeit auslösen und die Pulsfrequenz erhöhen.
- Nach rauschhaften Erlebnissen nach hoher Dosierung (40 Gramm) sind Stimmungstiefs möglich.
- Bei Dosierungen von über 100 Gramm treten bisweilen Kopfschmerzen, Augenflimmern und Herzrasen auf.
- Die Bitterstoffe können Übelkeit auslösen.

## Bewusstes Kauen für weniger Stress

Wie Sie der Tabelle auf Seite 62 entnehmen konnten, zählt Stress zu den Faktoren, die das Endocannabinoid-System und damit auch die Wirkung von CBD beeinträchtigen. Stress ist allgegenwärtig in unserem Alltag, er begegnet uns nicht nur in der Schule, im Beruf und in der Familie, auch in unserer Freizeit gönnen wir unserem Geist immer seltener Ruhe. Dann wird er mit technischen Geräten wie Smartphone, Fernseher oder Laptops beschäftigt. Umso wichtiger ist es, dass wir kleine Oasen der Ruhe in unserem Alltag schaffen, kleine Auszeiten, die wir möglichst stressfrei gestalten. Die täglichen Mahlzeiten eignen sich dafür sehr gut, warum sollen sie nur unserem Körper zugutekommen? Unser Geist hat mindestens genauso Regeneration verdient. Davon profitiert nicht nur unser Endocannabinoid-System. Wenn wir zur Ruhe kommen, wird der Parasympathikus aktiviert, jener Teil des vegetativen Nervensystems, der in Ruhezeiten für Heilung und Erholung sorgt. Unter anderem zählt die Verdauung zu den Aufgaben des Parasympathikus, es ist also sinnvoll, wenn wir ihn bereits beim Kauen aktivieren.

> Ist der Parasympathikus aktiv, fördert dies Heilung und Regeneration.

Jahrtausendealte kontemplative Traditionen und die moderne Achtsamkeitsforschung zeigen, dass ein bewusstes Wahrnehmen des gegenwärtigen Momentes uns aus dem Hamsterrad unserer Gedanken und Sorgen aussteigen lässt. Wir kommen zur Ruhe. Dafür gibt es verschiedene Methoden, eine ganz einfache ist, das, was wir essen, bewusst und vollständig zu kauen.

Vielleicht möchten Sie das einmal probieren? Fangen Sie damit an, dreimal pro Mahlzeit einen Bissen ausführlich, langsam und bewusst zu kauen. Achten Sie darauf, wie der Geschmack und die Konsistenz sich verändern. Durch den Einfluss der Enzyme Ihres Speichels schmecken viele kohlenhydratreiche Speisen zum Beispiel süßer, wenn Sie sie ausreichend kauen. Störende Gedanken treten in den Hintergrund, wir fühlen uns wacher und achtsamer, die Produktion von Stresshormonen wird gedrosselt.

Die ausgiebige und rhythmische Betätigung der Kiefermuskulatur wirkt zudem wie eine lösende Massage auf das Gesicht: Die Augenpartie entspannt sich, Verkrampfungen nehmen ab. Vielleicht bemerken Sie, dass Sie sich erfrischt fühlen, wenn Sie einige Bissen Ihrer Mahlzeit ganz bewusst gekaut haben.

Gleichzeitig fördert das gründliche Kauen die Aufnahme der Vitalstoffe aus der Ernährung, da diese besser aus dem Speisebrei gelöst werden können. Auch unsere Darmflora profitiert davon: Werden die Speisen im Mund ausreichend zerkleinert und können wir wichtige Nahrungsbestandteile damit besser aufnehmen, landet weniger Unverdautes in den unteren Darmabschnitten, was für ein gesundes Gleichgewicht unserer Darmflora sorgt. Unzureichend verdaute Nahrungsbestandteile fördern hingegen die sogenannte Fäulnisflora, das sind Keime, die aus dem, was wir nicht verdaut haben, Stoffe bilden, die unseren Stoffwechsel belasten und Beschwerden verursachen können.

> Starten Sie langsam. Üben Sie das bewusste Kauen kurz, dafür regelmäßig.

### Die Darmflora unterstützen

Wir sind nicht allein in unserem Körper. Unsere Haut und unser Verdauungstrakt sind von vielen Bakterien besiedelt. Das ist nicht zu unserem Nachteil, im Gegenteil: Die Bündnisse, die wir mit ihnen eingehen, sind für uns überlebenswichtig. Besonders viele Bakterien finden sich im Darm, vor allem im Dickdarm. Sie schützen uns vor Infektionskrankheiten, stimulieren unser Abwehrsystem und versorgen unsere Darmschleimhaut und unseren Stoffwechsel mit wichtigen Nährstoffen. Je mehr sich die Forschung mit unseren Darmkeimen beschäftigt, desto deutlicher wird ihre große Bedeutung für unsere Gesundheit und unser Wohlbefinden. Neueren Studien zufolge hat die Darmflora einen entscheidenden Einfluss auf die Entstehung und Prognose vieler Krankheiten. Dazu zählen zum Beispiel Hautkrankheiten, Autoimmunprozesse oder psychische Erkrankungen wie Depressionen. Eine gestörte Darmflora kann also auch dafür sorgen, dass

> Die Symbiose mit unseren Darmkeimen bietet uns überlebenswichtige Vorteile.

wir uns niedergeschlagen, energielos und antriebslos fühlen. Dies scheint unter anderem mit der Wirkung der Darmflora auf das Endocannabinoid-System zusammenzuhängen. Eine gesunde Zusammensetzung der Darmflora kräftigt das Endocannabinoid-System des Darms, was sich auf das Endocannabinoid-System des ganzen Körpers und damit auch auf die Wirkung von CBD positiv auswirken kann. Was können wir also für unsere Darmflora tun?

Mit Ballaststoffen, zum Beispiel aus Getreide und Gemüse, stärken wir unsere sogenannte Säuerungsflora.

Oben haben wir beschrieben, dass bewusstes Kauen unsere Verdauung und damit auch unsere Darmflora unterstützen kann. Das kann bereits den Anteil der aufgenommenen Nahrung, der unverändert in den Dickdarm gelangt, reduzieren. Dies können Sie zusätzlich unterstützen, indem Sie auf die Art Ihrer Ernährung

achten. Reduzieren Sie üppige und schwer verdauliche Mahlzeiten, essen Sie Fett und Eiweiß in moderaten Mengen. Gut sind langkettige Kohlenhydrate und Ballaststoffe aus Getreide, Gemüse und Obst, sie stärken unsere sogenannte Säuerungsflora. Das sind Bakterien, die Milchsäure produzieren und damit dafür sorgen, dass für uns ungünstige Bakterienarten in unserem Darm nicht gedeihen. Zu letzteren zählen viele Fäulniskeime, die feste und gasförmige Stoffe produzieren, die den Stoffwechsel belasten.

Langkettige Kohlenhydrate und Ballaststoffe fördern auch die Bewegung des Darms, nähren die Darmschleimhaut und stärken das Immunsystem. Wer viel Obst und Gemüse isst, tut seinen Freunden im Darm, seinem Endocannabinoid-System und damit auch sich selbst viel Gutes.

Dabei können auch Lebensmittel wie Kartoffeln, Reis oder Nudeln hilfreich sein, die bisweilen als Dickmacher verschrien werden. Tatsächlich lassen sich diese kalorienreduziert und gesünder zubereiten, indem wir einen Teil ihrer Kohlenhydrate in sogenannte resistente Stärke umwandeln. Resistente Stärke können wir nicht verdauen, sie liefert damit auch keine Kalorien. Im Dickdarm hingegen finden sich dankbare Abnehmer für die unverdaulichen Moleküle: Die Bakterien der Darmflora werden durch resistente Stärke gefüttert und bilden daraus unter anderem die Fettsäure Butyrat, eine Verbindung der Buttersäure. Diese Fettsäure beugt Entzündungen vor, fördert unsere gesunde Darmflora und wirkt regulierend auf den Blutzuckerspiegel.

Damit sich resistente Stärke bildet, müssen Sie die Lebensmittel erhitzen, dann kurz abkühlen lassen und danach – am besten im Kühlschrank – etwa zwölf Stunden lagern. Sie können zum Beispiel Nudeln, Reis oder Kartoffeln am Vortag kochen und über Nacht ruhen lassen. Das gilt auch für andere Getreidesorten wie Dinkel oder Hirse oder Hülsenfrüchte. Die resistente Stärke ist einigermaßen hitzestabil, Sie können die Lebensmittel daher am nächsten Tag wieder erwärmen.

Gut für Blutzuckerspiegel, Körpergewicht und Darmflora: resistente Stärke.

Regelmäßige Fasten- oder Diätkuren wirken sich ebenfalls positiv auf die Darmflora aus. Die Maßnahmen müssen nicht radikal sein. Die folgende Tabelle veranschaulicht, wie eine einfache Kur für die Darmflora aussehen kann. Die Kur sollte vier bis sechs Wochen eingehalten werden.

Essen für eine gesunde Darmflora

| DAVON REICHLICH VERZEHREN | REDUZIEREN | VERMEIDEN |
|---|---|---|
| Salat, Gemüse, Vollkornprodukte, Hülsenfrüchte, Nüsse, Getreide wie Vollkornreis, Quinoa, Dinkel, Buchweizen oder Amaranth | Sehr süßes Obst, Fleisch, Fisch, fette Milchprodukte, Obstsäfte | Süßigkeiten, Alkohol, Weißmehlprodukte |

## Den Kontakt mit belastenden Chemikalien reduzieren

Wissenschaftler wie der amerikanische Cannabisforscher Russo vermuten, dass eine chemikalienfreie Ernährung mit Bioprodukten die normale Funktion des Endocannabinoid-Systems fördert. So sollen diverse Pestizide die Regulation des Endocannabinoid-Systems stören. Ebenfalls problematisch sollen die bei der Herstellung von Kunststoffen verwendeten Weich- und Hartmacher sein, sie sollen die Funktion des CB1-Rezeptors einschränken. Natürlich können wir heute den Kontakt mit potenziell belastenden Chemikalien kaum vermeiden, und nur wenige können es sich leisten, komplett auf Bioprodukte umzustellen. Der Kontakt mit einigen Chemikalien kann jedoch reduziert werden, wovon nicht nur das Endocannabinoid-System profitieren dürfte.

Eine erste und einfache Maßnahme ist zum Beispiel der Verzicht auf PET-Flaschen. Diese sind natürlich überaus praktisch, denn sie sind leicht, bruchsicher und einfach in der Handhabung. Doch diese Eigenschaften verdanken PET-Produkte sogenannten Weichmachern wie den Stoffen Bisphenol A (BPA) und

Acetaldehyd. Leider können diese Stoffe aus dem Kunststoff gelöst werden und finden sich zum Beispiel in Getränken aus PET-Flaschen wieder. Auf diesem Weg gelangen sie in unseren Körper, wo sie nicht nur das Endocannabinoid-System, sondern auch die Leber und unseren Hormonhaushalt beeinträchtigen können. Befinden sie sich einmal im Körper, werden sie zum Gesundheitsproblem. So können Weichmacher an sensible Hormonrezeptoren andocken und den Hormonhaushalt beeinträchtigen. Um dies zu verhindern, sollten Sie sich BPA-freie Getränkeflaschen besorgen und Ihre Lieblingsgetränke in Glasflaschen kaufen.

Weichmacher aus Kunststoffen können das Endocannabinoid-System und damit auch die Wirkung von CBD stören.

In der Tabelle ist aufgeführt, wie Sie belastende Chemikalien reduzieren bzw. vermeiden können.

Insbesondere säurehaltige Getränke sollten in Glasflaschen gekauft oder aufbewahrt werden.

Vermeiden von Chemikalien, die das Endocannabinoid-System beeinträchtigen können

| QUELLEN VON POTENZIELL PROBLEMATISCHEN CHEMIKALIEN | LÖSUNG |
|---|---|
| PVC | Vermeiden Sie Weich-PVC (z. B. in Duschvorhängen) und PVC-haltige Materialien in Wohnräumen. |
| Verpackung von Lebensmitteln | Kaufen Sie nach Möglichkeit frische und unverpackte Lebensmittel. |
| Baumaterial, Farben und Lacke | Bevorzugen Sie schadstofffreie Baumaterialien, z. B. Naturmaterialien oder Materialien mit Gütesiegeln wie Blauer Engel, TÜV-TOXPROOF-Zeichen, GuT-Siegel oder natureplus |
| Kinderspielzeug und Gebrauchsgegenstände aus Plastik | Generell gilt: Alles, was stark chemisch oder nach Plastik riecht, nicht kaufen. Suchen Sie nach BPA-freien Alternativen. |
| Kunstleder | Vermeiden Sie Kunstleder, das oft mit Schadstoffen belastet ist. |
| Plastikgeschirr | Kaufen Sie nur Plastikgeschirr mit PE- oder PP-Kennzeichnung oder nachhaltiges Geschirr (zum Beispiel aus Bambus). |
| Kosmetika | Nutzen Sie die kostenlose App ToxFox, um Kosmetika auf gesundheitsgefährdende Stoffe zu prüfen. |

# Wichtige Hinweise für die Anwendung des CBD-Speiseöls

Unsere CBD-Speiseöle unterstützen das Endocannabinoid-System, das bei einer Reihe von Erkrankungen und Beschwerden eine Rolle spielt. Die regulierenden Eigenschaften des Endocannabinoid-Systems können Genesungsprozesse unterstützen, der Einsatz der CBD-Speiseöle ersetzt jedoch nicht eine ärztliche Therapie. Bei bestehenden Beschwerden oder Erkrankungen sollten Sie unsere CBD-Speiseöle nur in Absprache mit Ihrer Ärztin oder Ihrem Arzt anwenden.

Auch sollten Sie die im Rezeptteil angegebenen Dosierungen des CBD-Speiseöls einhalten – jeder Erwachsene nimmt dadurch pro Mahlzeit 1 Esslöffel CBD-Speiseöl zu sich. Diese Dosierung sollte nicht überschritten werden. Das bedeutet, dass Sie pro Tag eine Mahlzeit aus dem Rezeptteil genießen dürfen, also bitte nicht das CBD-Porridge zum Frühstück und mittags die Kartoffelsuppe. Und auch die Backwaren sollten Sie nicht mit weiteren CBD-Produkten kombinieren.

Pro Tag sollten Sie nicht mehr als 1 EL CBD-Speiseöl konsumieren.

Grundsätzlich sind vor dem Einsatz unseres CBD-Speiseöls einige Hinweise zu beachten.

### Verzögerte Wirkung

Bei einer oralen Aufnahme von CBD oder anderen Cannabinoiden dürfen Sie nicht damit rechnen, dass es sofort wirkt. CBD muss erst in den Darm gelangen, dort resorbiert werden und schließlich den Leberstoffwechsel passieren, bevor es seine Wirkung in unserem Körper entfaltet. Eine erste Wirkung von CBD ist nach 30 Minuten, die volle Wirkung nach 60 bis 90 Minuten zu erwarten.

### Nebenwirkungen

Die Anwendung von CBD geht in der Regel mit wenigen Nebenwirkungen einher, höhere Dosierungen können jedoch müde oder reizbar machen und den Appetit hemmen. Auch Mundtrockenheit, leichte Benommenheit und Durchfall sind möglich. Die praktische Erfahrung zeigt, dass CBD bei manchen Menschen bestehende Einschlafstörungen verschlechtern kann. Wenn das bei Ihnen der Fall ist, sollten Sie unser CBD-Speiseöl nicht zu spät, am besten mittags anwenden.

Nutzhanf enthält auch THC, jedoch nur in Spuren. Man geht davon aus, dass solche geringen Mengen keine unerwünschten Nebenwirkungen auslösen können. Jedoch könnten besonders sensible Menschen mit bestimmten Erkrankungen wie Angststörung, Psychosen oder Schizophrenie theoretisch auch geringe Mengen THC als unangenehm empfinden. Sie sollten Nutzhanf und daraus hergestellte Produkte erst nach ärztlicher Rücksprache einnehmen.

### Wechselwirkungen

CBD beeinflusst die Enzyme CYP2C9, CYP2C19, CYP3A4 und CYP2D6, die für den Abbau diverser Medikamente verantwortlich sind. Eine Einnahme von CBD kann theoretisch dazu führen, dass andere Medikamente stärker oder schwächer wirken als beabsichtigt. Zu diesen Medikamenten zählen unter anderem verschiedene Säurehemmer, Gerinnungshemmer, Schmerzmittel und Neuroleptika. Eine ständig aktualisierte Aufzählung der möglichen Wechselwirkungen finden Sie im Beitrag „Gegenanzeigen, Wechsel- und Nebenwirkungen von Cannabidiol (CBD)“ in dem Blog Naturheilkunde bei Krebs (Link siehe Anhang).

Auch natürliche Wirkstoffe wie das CBD aus dem Hanf können zu Neben- oder Wechselwirkungen führen.

### Gegenanzeigen

Anwendung von CBD bei Schwangerschaft, Glaukom und Leberschaden nur mit ärztlichem Einverständnis.

CBD kann die Schutzfunktion der Gebärmutter beeinflussen, während der Schwangerschaft sollten daher CBD-haltige Produkte nur nach ärztlicher Rücksprache angewandt werden. Dasselbe gilt für Menschen mit Leberschäden oder Glaukom (grünem Star). Die Einnahme von CBD kann zu einer Erhöhung des Augeninnendrucks führen und sich negativ auf einen bestehenden Leberschaden auswirken.

Ob eine CBD-Einnahme die körperliche und geistige Entwicklung von Kindern oder Jugendlichen beeinträchtigen kann, konnte noch nicht eindeutig ausgeschlossen werden. Aus diesem Grund sollte unser CBD-Speiseöl nur von Erwachsenen eingenommen werden – für sie gilt auch die langfristige Einnahme von CBD als sicher.

Auch bei den von uns empfohlenen Zusätzen zum CBD-Speiseöl sind Nebenwirkungen oder Wechselwirkungen möglich, allerdings äußerst selten. Wenn Sie gegen einen der Stoffe allergisch sind, sollten Sie ihn natürlich meiden. Rosmarin sollten Sie in der Schwangerschaft nur nach ärztlicher Rücksprache anwenden. Wenn Sie regelmäßig Medikamente einnehmen, sollten Sie sich vor der Verwendung von Hopfen ebenfalls rückversichern.

### Hanfallergie

Wie bei den meisten pflanzlichen Produkten können auch bei Hanfprodukten allergische Reaktionen auftreten. Als Hanf noch weniger populär war, waren vor allem Cannabiskonsumenten davon betroffen. Das Rauchen oder der Kontakt mit Cannabis kann zu leichten Symptomen wie Juckreiz oder Schwellungen im Gesicht bis hin zu schwerwiegenden Reaktionen führen.

Hanfallergien treten selten auch beim Konsum von Hanfprodukten wie Hanfsamen auf. Die Symptome zeigen sich typischerweise eine Stunde nach dem Verzehr.

Die Rechtslage von CBD ist in Deutschland leider noch nicht eindeutig geregelt. Beim Erscheinen dieses Buches ist es erlaubt, CBD-haltigen Nutzhanf zu kaufen und zu konsumieren, sofern er nicht mehr als 0,2 Prozent THC enthält. Wir gehen davon aus, dass dies auch in Zukunft so sein wird. Sollte dies nicht der Fall sein, beachten Sie bitte, dass einige unserer Empfehlungen in diesem Buch nicht mehr gesetzeskonform sein könnten. Wenn Sie auf Nummer sicher gehen wollen, kaufen Sie Ihre Nutzhanfprodukte bei Anbietern, die gesetzliche Änderungen früh genug berücksichtigen und kommunizieren.

Im Anhang finden Sie eine Bezugsempfehlung für kontrollierte Hanfprodukte.

Wenn Sie CBD-Produkte wie Nutzhanf oder unser CBD-Speiseöl einnehmen, müssen Sie übrigens keinen Drogentest fürchten. Bei diesem wird der THC- und nicht der CBD-Gehalt im Blut bestimmt. Sollten Sie allerdings CBD-Produkte in einer Menge konsumieren, die deutlich über der empfohlenen Tagesdosis des Herstellers liegt, ist ein positives Ergebnis beim Drogentest zumindest theoretisch möglich. Denn die meisten CBD-Produkte enthalten THC in Spuren.

# REZEPTE FÜR EINE GESUNDE HANFKÜCHE

Kommen wir zur Praxis. In diesem Kapitel erfahren Sie, wie Sie das CBD-Speiseöl ganz einfach selbst herstellen können. Dazu bekommen Sie viele Anregungen, es auch sofort einzusetzen: 30 Rezepte für leckere und gesunde Gerichte zum Frühstück, Mittagessen, Abendessen und für den Kaffeeklatsch. Jedes Gericht, jeder Snack liefert die empfohlene Tagesdosis CBD, sodass Sie jeden Tag wählen können, in Form welcher Mahlzeit Sie es zu sich nehmen möchten.

# CBD-SPEISEÖL UND SEINE VARIANTEN

## GRUNDREZEPT FÜR CBD-SPEISEÖL

**Zutaten**

- 25 g Nutzhanftee (am besten Blüten)
- 500 ml Speiseöl (oder 625 g Kokosöl)

**Außerdem**

- 1 großer Topf
- 1 großes Schraubglas
- 1 Braunglasflasche

*Bei der hier beschriebenen Zubereitungsmethode überträgt sich die Temperatur des Wassers auf das Öl und den darin befindlichen Nutzhanf. Die Hitze des Öls sorgt dafür, dass die Wirkstoffe des Hanfs in das Öl übertreten und dass darüber hinaus einige davon aktiviert werden. Dazu zählen verschiedene Cannabinoide wie auch CBD. Ein Teil des CBDs liegt im Hanf als sogenannte Cannabidiolsäure (CBDA) vor, die im Vergleich zu CBD nur sehr wenige gesundheitliche Wirkungen hat. Durch Hitzeeinwirkung kommt es zu Decarboxylierung: Aus CBDA entsteht das für uns wirksame CBD.*

### Zubereitung

1 Die Blüten zusammen mit dem Speiseöl in ein geeignetes Gefäß (Schraubglas oder Weithalsflasche) geben. Das Gefäß verschließen und in einen großen Topf mit köchelndem Wasser stellen. Das Gefäß sollte bis mindestens zur Hälfte im Wasser stehen.

2 Den Topf zudecken und auf kleinster Stufe eine Stunde köcheln lassen.

3 Topf samt Inhalt vom Herd nehmen und abkühlen lassen. Das Gefäß mit dem Öl entnehmen und das Öl durch einen Teefilter abseihen.

4 Bei Zimmertemperatur aufbewahren – am besten in einer Braunglasflasche.

**TIPP** Wenn Ihr Topf nicht groß genug ist für ein Gefäß, das 500 Milliliter Öl fasst, teilen Sie die Zutaten einfach auf zwei kleinere Gefäße auf.

Schritt 1: Die Blüten eine Stunde köcheln lassen

Schritt 2: Das Öl durch einen Teefilter abseihen

### Geeignete Öle

Für das CBD-Speiseöl eignen sich unterschiedliche hitzetolerante Speiseöle, ihre Fettsäuren-Zusammensetzung sollte die Bildung von Endocannabinoiden möglichst unterstützen. Das bereits beschriebene Anandamid stellt unser Körper aus der Omega-6-Fettsäure Linolensäure her. Für die Bildung anderer Endocannabinoide sind neben Omega-6- auch Omega-3-Fettsäuren wie zum Beispiel Alpha-Linolensäure, Eicosapentaensäure (EPA) und Docosahexaensäure (DHA) günstig.

Eine gute Mischung dieser Fettsäuren finden wir im aus Hanfsamen hergestellten Hanföl, das aber nicht erhitzt werden sollte und sich für unser CBD-Speiseöl nicht eignet. Zu empfehlen sind die folgenden Pflanzenöle, die reich an Linolensäure sind:

- Distelöl enthält ca. 80 % Linolensäure
- Sonnenblumenöl enthält ca. 75 % Linolensäure
- Rapsöl enthält ca. 20 % Linolensäure
- Olivenöl enthält ca. 20 % Linolensäure

> Bei den Rezepten haben wir jeweils ergänzt, welches Öl wir als Basis empfehlen. Bei allen bleibt der Hanfgeschmack erhalten.

Wir verwenden meist Olivenöl, es ist vielseitig einsetzbar und eignet sich für fast alle Gerichte in unserem Buch.

Bei einigen Rezepten empfehlen wir die Verwendung von Kokosöl. Dafür ersetzen Sie die 500 Milliliter Speiseöl durch 625 Gramm Kokosöl. Um eine kleinere Menge zuzubereiten, verwenden Sie 250 Gramm Kokosöl und 10 Gramm Hanftee.

## Den CBD-Gehalt des Öls berechnen

Mit der folgenden Rechnung können Sie bestimmen, wie hoch der CBD-Gehalt Ihres CBD-Speiseöls ist. Als Resultat erhalten Sie den möglichen Maximalwert – er gibt darüber Auskunft, wie hoch der CBD-Gehalt ist, wenn sämtliches CBD vom Nutzhanf in das Öl übergetreten ist.

Entnehmen Sie der Verpackung Ihres Nutzhanftees dessen CBD-Gehalt. Dieser wird meist in Prozent angegeben. Nehmen

Sie diese Zahl mal 250 und Sie erhalten den maximalen Gesamt-CBD-Gehalt Ihres Öls in Milligramm.

**Beispiel:**
Ihr Nutzhanf enthält 4 Prozent CBD. 4 mal 250 = 1.000. Also enthalten 500 Milliliter Öl maximal 1.000 Milligramm bzw. 1 Gramm CBD.

Für die Rezepte in diesem Buch dosieren Sie Ihr CBD-Speiseöl in Esslöffeln. Den CBD-Gehalt von 1 Esslöffel (ca. 10 Milliliter) ermitteln Sie folgendermaßen: Multiplizieren Sie den prozentualen CBD-Gehalt des verwendeten Nutzhanftees mit 5. Sie erhalten dann den maximalen CBD-Gehalt von 1 Esslöffel in Milligramm.

**Beispiel:**
Ihr Nutzhanf enthält 4 Prozent CBD. 4 mal 5 = 20. 1 Esslöffel Öl enthält maximal 20 Milligramm CBD.

Nutzhanfsorten mit einem CBD-Gehalt zwischen 3 und 5 Prozent sind optimal für unser Rezept. Dann enthält 1 Esslöffel Öl maximal zwischen 10 und 20 Milligramm CBD.

Im Rahmen der Cannabinoid-Therapie gelten 10 bis 20 Milligramm CBD als sehr kleine Tagesdosis, bisweilen wird bezweifelt, dass solche Mengen überhaupt eine Wirkung haben. Dem widersprechen jedoch die praktische Erfahrung und Forschungsergebnisse der letzten Jahre.

Tagesdosen von bis zu 20 Milligramm CBD gilt als niedrige Dosierung.

# GRUNDREZEPT FÜR THC-SPEISEÖL

**Zutaten**
- 500 ml Speiseöl (oder 625 g Kokosöl)
- 2 g Cannabisblüten

**Außerdem**
- 1 großer Topf
- 1 großes Schraubglas
- 1 Braunglasflasche

*Rein theoretisch lässt sich unser Grundrezept auch mit THC-haltigen Cannabisblüten herstellen, die Sie zum Beispiel von ärztlicher Seite verschrieben bekommen haben. Genau wie CBD liegt auch THC in Cannabisblüten vor allem in Form einer Säure vor, der sogenannten THC-Säure (THCA). THCA ist nur sehr eingeschränkt wirksam, sie sollte vor der Anwendung durch die Decarboxylierung in THC umgewandelt werden. Dafür eignet sich die von uns empfohlene Herstellungsweise. Ähnlich wie bei CBD wird auch die Aufnahme von THC durch Fettsäuren gefördert, die Herstellung von THC-haltigen Ölen hat daher eine lange Tradition.*

## Zubereitung

1 Die Blüten zusammen mit dem Speiseöl in ein geeignetes Gefäß (Schraubglas oder Weithalsflasche) geben. Das Gefäß verschließen und in einen großen Topf mit köchelndem Wasser stellen. Das Gefäß sollte bis mindestens zur Hälfte im Wasser stehen.

2 Den Topf zudecken und auf kleinster Stufe eine Stunde köcheln lassen.

3 Topf samt Inhalt vom Herd nehmen und abkühlen lassen. Das Gefäß mit dem Öl entnehmen und das Öl durch einen Teefilter abseihen.

4 Bei Zimmertemperatur aufbewahren – am besten in einer Braunglasflasche.

## Den THC-Gehalt des Öls berechnen

Die meisten in Deutschland erhältlichen medizinischen Cannabissorten haben hohe THC-Werte, teilweise über 20 Prozent. Für die Herstellung eines THC-Speiseöls reichen daher schon wenige Gramm Cannabisblüten. Wenn die Cannabisblüten, die Sie verwenden, einen THC-Gehalt von 20 Prozent aufweisen, hat 1 Esslöffel des fertigen Öls einen maximalen THC-Gehalt von ca. 8 Milligramm.

Grundsätzlich können Sie folgendermaßen rechnen: Teilen Sie den THC-Gehalt (in Prozent) der Cannabisblüten durch 5 und Sie erhalten die Menge an THC, die 1 Esslöffel Ihres Öls hat, wenn Sie für die Herstellung 1 Gramm Cannabisblüten verwenden.

**Beispiel:**

Ihre Cannabisblüten haben einen THC-Gehalt von 20 Prozent. 20 geteilt durch 5 ergibt 4. Demnach enthält 1 Esslöffel des Öls 4 Milligramm THC.

Soll 1 Esslöffel einen THC-Gehalt von 12 Milligramm haben, brauchen Sie also die dreifache Menge der Cannabisblüten.

Wenn Sie THC-haltige Cannabisblüten aufgrund einer ärztlichen Verordnung einnehmen, besprechen Sie mit Ihrer Ärztin oder Ihrem Arzt, ob Sie diese auch in Form eines Speiseöls einnehmen können. Beachten Sie bitte auch, dass die orale Aufnahme von THC zu einer zeitverzögerten Wirkung führt. Die volle Wirkung setzt erst nach 90 Minuten ein.

# DAS CBD-SPEISEÖL ANREICHERN

Sie können Ihr CBD-Speiseöl mit verschiedenen Heilkräutern anreichern, um eine bestimmte Wirkung zu verstärken (siehe ab Seite 44). Das Öl bekommt dadurch eine eigene Note, die aber nicht zu sehr hervorsticht und die Verwendung nicht eingrenzt.

## CBD-Speiseöl mit Hopfen

Ergänzen Sie das Grundrezept mit 5 Gramm getrockneten Hopfenzapfen. Diese geben Sie zusammen mit dem Nutzhanf ins Öl und stellen dann alles gemeinsam ins Wasserbad.

Hopfenzapfen sind leicht und daher sehr voluminös. Es ist sinnvoll, sie als Erstes in das Gefäß zu geben und danach den Nutzhanf. Den Nutzhanf können Sie dann zusammen mit dem Hopfen nach unten drücken, damit das Öl das Kräutergemisch gut bedecken kann.

Die Bitterstoffe und ätherischen Öle des Hopfens geben dem Speiseöl eine leicht würzige und herbe Note.

## CBD-Speiseöl mit Lavendel

Ergänzen Sie das Grundrezept mit 4 Gramm getrockneten Lavendelblüten. Diese geben Sie zusammen mit dem Nutzhanf ins Öl und stellen dann alles gemeinsam ins Wasserbad. Das Speiseöl schmeckt leicht nach Lavendel, die ätherischen Öle verleihen ihm eine würzige, blumige Note.

## CBD-Speiseöl mit Orangenschale

Ergänzen Sie das Grundrezept mit 12 Gramm getrockneten Orangenschalen. Diese geben Sie zusammen mit dem Nutzhanf ins Öl und stellen dann alles gemeinsam ins Wasserbad.

Das Speiseöl schmeckt erfrischend und leicht nach Orange.

## CBD-Speiseöl mit Rosmarin

Ergänzen Sie das Grundrezept mit 10 Gramm getrockneten Rosmarinblättern. Diese geben Sie zusammen mit dem Nutzhanf ins Öl und stellen dann alles gemeinsam ins Wasserbad.

Das Speiseöl schmeckt leicht würzig nach Rosmarin.

# FRÜHSTÜCK

## BEERENSMOOTHIE MIT HANF

Für 1 Portion
Zubereitungszeit: 5 Minuten

**1 Portion enthält**
311 kcal/1302 kJ, 39 g KH,
11 g E, 9 g F

**Zutaten**
- 1 Stück Ingwer (etwa 0,5 cm)
- 150 g Beeren (Himbeeren, Heidelbeeren, Erdbeeren, Brombeeren, Johannisbeeren, TK oder frisch)
- eventuell 1 TL Honig oder 2 Datteln zum Süßen
- 2 EL Joghurt
- 1 EL Hanfprotein
- 1 EL geschälte Hanfsamen
- 1 EL CBD-Speiseöl (Sonnenblumen-, Distel-, Raps- oder Kokosöl als Basis)

**Außerdem**
- Mixer

*Smoothies sind ein toller Weg, um in den Tag zu starten. Sie geben viele wichtige Vitamine, erfrischen und sind sättigend. Vor allem für Menschen, die Schwierigkeiten haben, genügend Obst und Gemüse zu sich zu nehmen, sind Smoothies perfekt! Achten Sie darauf, Smoothies so frisch wie möglich zu genießen.*

### Zubereitung

1 Den Ingwer schälen und zusammen mit den Beeren und eventuell den Datteln in den Mixer geben. Wenn Sie keinen Hochleistungsmixer haben, dann lassen Sie gefrorene Beeren vorher kurz antauen.

2 Die übrigen Zutaten und 200 ml Wasser in den Mixer geben und bei höchster Geschwindigkeit 30 Sekunden mixen. Am besten sofort genießen.

# GRANOLA GRUNDREZEPT

Für 10 Portionen à ca. 50 g
Zubereitungszeit: 15 Minuten
Backzeit: ca. 30 Minuten

1 Portion enthält
245 kcal/1019 kJ, 10 g KH,
7 g E, 15 g F

Zutaten

- 100 g CBD-Speiseöl (Kokosöl als Basis)
- 125 g Honig
- 1 Prise Zimt
- etwas Vanilleextrakt
- 300 g Haferflocken
- 100 g Nüsse (z. B. Haselnüsse, gehobelte Mandeln oder Cashew)
- 2 EL Hanfsamen

*Dieses Granola-Rezept eröffnet ganz neue Frühstückswelten: Sie können es in seiner Grundform genießen oder nach Lust, Laune und Saison beliebig erweitern. Es passt zu Müsli, Joghurt, sämtlichen Quarkspeisen und macht auch als gesundes Dessert eine gute Figur. Auf jeden Fall werden Sie nie wieder Knuspermüsli im Supermarkt kaufen wollen!*

## Zubereitung

1 Den Ofen auf 180 °C (Ober-/Unterhitze) vorheizen.

2 Das CBD-Kokosöl zusammen mit dem Honig, dem Zimt und der Vanilleessenz kurz in einem Topf erwärmen, bis eine homogene flüssige Masse entsteht. Nicht kochen!

3 Auf einem mit Backpapier ausgelegten Blech Haferflocken und Nüsse verteilen. Das Koksöl-Honig-Gemisch gleichmäßig darübergießen, bis alles bedeckt ist.

4 In den Backofen geben und ca. 30 Minuten rösten, bis das Müsli goldbraun ist. Zwischendurch wenden, damit es krümelig wird.

**TIPP** Das Granola ist als Knuspermüsli schon für sich allein ziemlich lecker, Sie können es jedoch ganz nach Ihrem Geschmack weiter variieren. Mischen Sie nach dem Abkühlen zum Beispiel Kokoschips und getrocknete Mangostückchen darunter oder getrocknete Sauerkirschen und dunkle Schokolade. Im Winter passen getrocknete Apfelstückchen und zerstoßener Spekulatius sehr gut. Für eine vegane Version ersetzen Sie den Honig durch Agavendicksaft.

# HANF-PANCAKES

*Pancakes sind für viele ein toller Start, weil sie oft mit einem ausgiebigen Frühstück und einem freien Tag einhergehen. Diese Pancakes sind darüber hinaus gesund, mit besten Hanfprodukten hergestellt und vegan.*

**Für 4 Portionen**
**Zubereitungszeit: 5 Minuten**
**Garzeit: 15 Minuten**

**1 Portion enthält**
321 kcal/1352 kJ, 51 g KH,
13 g E, 5 g F

## Zutaten

- 360 g reife Bananen (ca. 2 Stück)
- 3 EL Ahornsirup
- 80 g Dinkelmehl
- 80 g Hanfmehl
- 2 EL Hanfprotein
- 1½ TL Backpulver
- 300 ml Pflanzendrink (Mandel oder Hafer)
- 4 EL CBD-Speiseöl (Kokosöl als Basis)

**Für das Topping**

- Beeren
- geröstete Hanfsamen
- Ahornsirup

## Zubereitung

1 Die Bananen sehr fein zerdrücken und mit dem Ahornsirup verrühren.

2 Die trockenen Zutaten (Mehle, Hanfprotein und Backpulver) vermischen.

3 Pflanzendrink und Mehlmix abwechselnd unter die Bananenmasse rühren.

4 Das Öl in der Pfanne erhitzen und aus jeweils 1–2 EL Teig kleine goldbraune Pfannkuchen backen. Im Ofen warmhalten.

5 Mit Beeren, Ahornsirup und gerösteten Hanfsamen garnieren.

# CBD-PORRIDGE

*Manchmal hat es Vorteile, englische Begriffe zu verwenden. Porridge klingt doch viel besser als „Haferbrei". Aber egal, wie man es nennt, es ist ein ausgezeichnetes, sättigendes und auch magenfreundliches Frühstück. An kalten Tagen wärmt der Porridge von innen und gibt Kraft für den Tag.*

Für 2 Portion
Zubereitungszeit: 10 Minuten

**1 Portion enthält**
311 kcal/1315 kJ, 58 g KH, 7 g E, 5 g F

## Zutaten

**Für den Porridge**

- 100 g Haferflocken
- 200 ml Milch (oder pflanzliche Alternative)
- 2 EL CBD-Speiseöl (Kokosöl als Basis)
- 1 Apfel
- 1 TL Zimt

**Für das Topping**

- frische oder gefrorene Beeren
- Pflaumenkompott
- Nüsse
- geschälte Hanfsamen

## Zubereitung

1 Die Haferflocken mit der Milch und dem Kokosöl in einen kleinen Topf geben und kurz aufkochen lassen. Vom Herd nehmen und kurz ruhen lassen.

2 Den Apfel reiben und zusammen mit dem Zimt unterrühren.

3 Mit den gewünschten Toppings anrichten und noch warm servieren.

# BULLETPROOF COFFEE

*Der Bulletproof Coffee ist ein wahrer Alleskönner. Am Morgen getrunken, führt er dem Körper ganz ohne Kohlenhydrate Energie zu. Er soll die Leistungs- und Konzentrationsfähigkeit steigern und auch die Ausdauer verbessern. Da er für einige Stunden satt macht, ersetzen viele Abnehmwillige das Frühstück durch diesen Kaffee und können fit in den Tag starten, ohne Kohlenhydrate aufgenommen zu haben.*

**Für 1 Portion**
**Zubereitungszeit: 5 Minuten**

**1 Portion enthält**
157 kcal/646 kJ, 0 g KH,
0 g E, 17 g F

**Zutaten**

- Kaffeepulver für 250 ml Kaffee
- 2 EL Butter oder Ghee
- 1 EL CBD-Speiseöl (Kokosöl als Basis)

**Außerdem**

- Mixer

## Zubereitung

1 Den Kaffee frisch zubereiten.

3 Kaffee zusammen mit Butter und CBD-Speiseöl in den Mixer geben und auf höchster Stufe etwa 20 Sekunden lang mixen, bis eine homogene Masse entstanden ist. Sofort genießen.

# BROT UND KUCHEN

## BROT AUF QUARK-CBD-ÖL-BASIS

**Für 15 Portionen/Scheiben**
**Zubereitungszeit: 15 Minuten**
**Backzeit: ca. 40 Minuten**

**1 Portion enthält**
230 kcal/968 kJ, 20 g KH,
8 g E, 13 g F

### Zutaten

- 400 g Weizenmehl Type 550
- 100 g Hanfmehl
- 1 Pck. Backpulver
- 1 TL Salz
- 250 g Quark
- 150 ml CBD-Speiseöl (Sonnenblumen-, Distel- oder Rapsöl als Basis)
- 1 Eigelb
- 2 EL Sonnenblumenkerne, Kürbiskerne oder Sesam
- 1 EL Hanfsamen

**Außerdem**

- Kastenform
- Fett und Mehl für die Form

*Quark-Öl-Teig ist eine sehr gelingsichere Alternative zum Hefeteig, noch dazu gibt er Ihnen eine hervorragende Möglichkeit, CBD-Speiseöl in den Speiseplan zu integrieren. Es entsteht ein nicht zu trockenes Brot, das vielseitig einsetzbar ist: mit Marmelade zum Frühstück oder als herzhaftes Sandwich zwischendurch.*

### Zubereitung

1 Den Ofen auf 180 °C (Ober-/Unterhitze) vorheizen.

2 Zuerst die trockenen Zutaten, also Mehle, Backpulver und Salz vermischen.

3 Quark und Öl verrühren und diese Mischung mit der Hand mit den trockenen Zutaten vermengen, bis ein glatter Teig entsteht. Den Teig zu einer Rolle formen.

4 Eine Kastenform mit etwas Öl oder Butter bestreichen und mit etwas Mehl bestäuben. Die Teigrolle locker in die Backform legen.

5 Die Rolle mit Eigelb bestreichen und mit Kernen und Hanfsamen bestreuen.

6 Das Brot etwa 40 Minuten backen, bis es goldgelb ist. Aus dem Ofen nehmen und abkühlen lassen.

# GRUNDREZEPT FÜR RÜHRTEIG

*Ein Kuchenrezept, das immer gelingt, ist Gold wert. Dieses hier ist auch noch wandelbar, schnell gemacht und der Kuchen bleibt lange saftig. Der Rührteig basiert auf Mineralwasser. Das Rezept erfreut sich schon seit vielen Jahrzehnten bei kleinen und großen Kuchenfreunden großer Beliebtheit.*

**Für 12 Portionen = 12 Stück Kuchen**
**Zubereitungszeit: 15 Minuten**
**Backzeit: ca. 40 Minuten**

**1 Portion enthält**
395 kcal/1656 kJ, 48 g KH, 8 g E, 19 g F

## Zutaten

- 4 Eier
- 2 Tassen Zucker (à 125 Milliliter)
- 1 Tasse CBD-Speiseöl (Sonnenblumen-, Distel- oder Rapsöl als Basis)
- 3 Tassen Mehl
- 1 Pck. Backpulver
- ½ Tasse Hanfsamen
- abgeriebene Schale von 1 Zitrone
- 1 Tasse Mineralwasser mit Kohlensäure
- Variationen und Deko
- Sauerkirschen
- 2 EL Kakao
- 2 Zitronen
- Puderzucker
- Schokoglasur

**Außerdem**

- Kastenform
- Fett und Mehl für die Form

## Zubereitung

1 Den Ofen auf 180 °C (Ober-/Unterhitze) vorheizen. Eine Kastenform mit etwas Öl oder Butter auspinseln und mit Mehl bestäuben.

2 Eier mit Zucker und CBD-Speiseöl schaumig schlagen.

3 Mehl, Backpulver, Hanfsamen und Zitronenschale mit einem Holzlöffel unterrühren.

4 Zum Schluss das Mineralwasser unterrühren. Es muss eine homogene Masse entstehen, aber bitte nicht zu lange rühren, sonst entweicht zu viel Kohlensäure.

5 Jetzt ist der Zeitpunkt für individuelle Variationen: Man kann beispielsweise abgetropfte Sauerkirschen unterheben oder einen Teil des Teigs mit 2 EL Kakao mischen, um einen Marmoreffekt zu erhalten.

6 Teig in die Kastenform geben und in den Ofen schieben. Nach etwa 35–40 Minuten sollte der Kuchen durch sein. Bitte unbedingt eine Stäbchenprobe durchführen.

7 Nun geht's ans Verzieren. Für die Puristen bietet sich Puderzucker an. Aber auch eine Schokoladenglasur steht dem Kuchen gut. Wenn es etwas erfrischender sein soll, mit einem Holzstäbchen den Kuchen mehrfach einstechen und den Kuchen mit dem Saft von 2 Zitronen tränken.

8 Dann abkühlen lassen und genießen.

# BANANENBROT

**Für 10 Portionen**
**Zubereitungszeit: 15 Minuten**
**Backzeit: 40–50 Minuten**

**1 Portion enthält**
58 kcal/1495 kJ, 37 g KH,
6 g E, 20 g F

## Zutaten

- 3 reife Bananen
- 100 g CBD-Speiseöl (Kokosöl als Basis)
- 2 Eier
- 30 g Kokosblütensirup
- 110 g Vollrohrzucker (Muscovado)
- 1 TL Zimt
- 180 g Vollkornmehl
- 2 TL Backpulver
- 150 g Nüsse (Walnüsse oder Nussmischung)
- Für die Dekoration
- 1 Banane

**Außerdem**

- Kastenform
- Fett und Mehl für die Form

*Bananenbrot passt eigentlich immer: Als süßer Snack, als Nachttisch, zum Nachmittagskaffee und sogar zum Frühstück. Immerhin heißt es ja Bananenbrot und nicht Bananenkuchen. Im Prinzip vereint es aber das Beste aus zwei Welten: Vollkornmehl und Nüsse eines guten Brotes mit der Süße und der feuchten Konsistenz eines leckeren Kuchens.*

## Zubereitung

1 Den Ofen auf 180 °C (Ober-/Unterhitze) vorheizen. Eine Kastenform mit etwas Öl oder Butter auspinseln und mit Mehl bestäuben.

2 Die Bananen schälen und mit einer Gabel zerdrücken. CBD-Kokosöl, Eier und Kokosblütensirup hinzufügen und alles kurz vermengen. Nicht zu lange aufschlagen, die Bananenstücke sollten noch erkennbar sein.

3 Nun Zucker, Zimt, Mehl und das Backpulver hinzugeben. Am besten mit einem Holzlöffel verrühren, bis alles gerade so vermengt ist. Auch hier nicht zu lange rühren, damit der Teig fluffig bleibt.

4 Zum Schluss die Nüsse kurz unterheben.

5 Den Teig in die Kastenform geben. Für die Dekoration die Banane in der Länge teilen und versetzt auf die Oberfläche legen.

6 Das Bananenrot bei 180 °C (Umluft) 40–50 Minuten backen. Sollte die Oberfläche zu dunkel werden, mit einem Stück Alufolie abdecken und weiterbacken. Nach etwa 40 Minuten eine Stäbchenprobe mit einem Holzstäben machen: Bleibt kein Teig am Stäbchen kleben, ist das Bananenbrot fertig.

# NUSSECKEN

Für 20 Portionen
Zubereitungszeit: 20 Minuten
Ruhezeit: 30 Minuten
Backzeit: ca. 25 Minuten

**1 Portion enthält**
416 kcal/1732 kJ, 32 g KH,
7 g E, 28 g F

## Zutaten

**Für den Mürbeteig**

- 125 g kalte Butter
- 125 g Zucker
- 2 Eier
- 250 g Mehl
- 50 g Hanfmehl
- 1 gestr. TL Backpulver

**Für die Füllung**

- 200 g CBD-Speiseöl (Kokosöl als Basis)
- 200 g Zucker
- 1 TL Vanilleessenz
- 200 g gemahlene Nüsse (Haselnüsse, Mandeln)
- 150 g gehackte Nüsse (Haselnüsse, Mandeln, Cashew)
- 50 g Hanfsamen
- 100 g Aprikosenmarmelade oder Johannisbeergelee
- 100 g Kuvertüre (Vollmilch oder Zartbitter)

**Außerdem**

- 1 Backblech
- Nudelholz zum Ausrollen

*Aufgrund der Vorliebe eines schillernden Eurovision-Song-Contest-Teilnehmers erfreuten sich Nussecken vor einigen Jahren großer Beliebtheit. Seither ist es still geworden um das traditionelle Gebäck. Völlig zu Unrecht, wie wir finden. Deswegen haben wir ein Rezept für CBD-Nussecken kreiert. Saftig, lecker und in einer gut verschlossenen Box bis zu einer Woche haltbar.*

## Zubereitung

1 Für den Mürbeteig die kalte Butter in kleine Stücke schneiden und mit den restlichen Teigzutaten zu einer homogenen Masse kneten – am besten geht das mit den Händen.

2 In Folie eingewickelt in den Kühlschrank legen und mindestens eine halbe Stunde ruhen lassen.

3 In der Zwischenzeit die Füllung zubereiten: dazu das CBD-Speiseöl mit dem Zucker und der Vanilleessenz in einem Topf schmelzen lassen.

4 2 EL Wasser, Nüsse und Hanfsamen hinzugeben und alles verrühren. Die Mischung vom Herd nehmen und etwas erkalten lassen.

5 Den Mürbeteig aus dem Kühlschrank nehmen und zu einem Rechteck ausrollen.

6 Die Teigplatte auf das Backblech legen, mit der Marmelade bzw. dem Gelee bestreichen und die Nussfüllung darauf verteilen.

7 In den Ofen schieben und bei 180 °C (Umluft) ca. 35 Minuten backen.

8 Aus dem Ofen nehmen, nur ganz kurz abkühlen lassen und dann noch warm schneiden: zuerst in zehn Rechtecke und diese Rechtecke dann in Dreiecke teilen.

9 Zum Schluss die Schokolade schmelzen und die Nussecken mit je einem Ende eintauchen.

# OMAS KÄSEKUCHEN MIT HANF

*Omas Käsekuchen ist der beste. Wir modernisieren ihn ein bisschen, lassen die Rosinen und die Dosenmandarinen beiseite und fügen etwas CBD hinzu. Da macht der Kuchen gleich noch ein bisschen glücklicher.*

Für 12 Portionen
Zubereitungszeit: 20 Minuten
Backzeit: ca. 45 Minuten

### 1 Portion enthält

473 kcal/1997 kJ, 47 g KH, 11 g E, 26 g F

### Zutaten

**Für den Mürbeteig**

- 125 g Butter
- 125 g Zucker
- 2 Eier
- 250 g Mehl
- 50 g Hanfmehl
- 1 TL Backpulver

**Für die Füllung**

- 1 Pck. Puddingpulver Vanille
- 5 EL Milch
- 200 g Zucker
- 2 Eier
- 500 g Quark
- 200 g Frischkäse
- 120 ml CBD-Speiseöl (Sonnenblumen-, Distel- oder Rapsöl als Basis)

**Außerdem**

- 1 Springform (24 cm Durchmesser)
- Fett für die Form

### Zubereitung

1 Für den Mürbeteig die kalte Butter in kleine Stücke schneiden und mit den restlichen Zutaten zu einer homogenen Masse kneten – am besten geht das mit den Händen.

2 In Folie eingewickelt in den Kühlschrank legen und mindestens eine halbe Stunde ruhen lassen.

3 Den Backofen auf 170 °C (Ober-/Unterhitze) vorheizen.

4 Für die Füllung das Puddingpulver mit der Milch und 1 EL Zucker glattrühren. Restlichen Zucker mit den Eiern schaumig schlagen und mit Quark und Frischkäse verrühren. Zum Schluss das Öl dazugeben und vermischen.

5 Eine Springform mit etwas Öl oder Butter einfetten. Mürbeteig ausrollen, die Springform damit auslegen und einen Rand hochziehen.

6 Die Füllung auf den Boden gießen, glatt streichen und den Kuchen ca. 45 Minuten backen. Per Stäbchenprobe prüfen, ob die Masse fest geworden ist.

7 Den Kuchen ganz langsam in der Form auskühlen lassen.

# SUPPEN, SALATE UND SNACKS

## GAZPACHO

*Gazpacho ist eine kalt genossene Suppe aus Andalusien – herrlich erfrischend an heißen Sommerstagen und ein leichter, kalorienarmer Genuss. Besonders aromatisch wird Gazpacho, wenn Sie ihn am Abend vorher zubereiten und über Nacht im Kühlschrank lagern.*

**Für 4 Portionen**
**Zubereitungszeit: 15 Minuten**
**Ruhezeit: mindestens 2 Stunden**

**1 Portion enthält**
335 kcal/1400 kJ, 40 g KH,
8 g E, 14 g F

**Zutaten**
- 1 rote Paprikaschote
- 1 Gurke
- 1 Zwiebel
- 2 Knoblauchzehen
- 8 große Fleischtomaten (ca. 2 kg)
- 4 Scheiben Vollkorntoast
- 500 ml Tomatensaft
- 40 ml CBD-Speiseöl (Oliven-, Sonnenblumen-, Distel- oder Rapsöl als Basis )
- Saft von 1 Zitrone
- Salz
- Pfeffer
- Rosenpaprika
- Oregano
- Honig
- etwas gehacktes Basilikum
- Hanfsamen

### Mixer-Zubereitung

**1** Paprika und Gurke putzen und in kleine Würfel schneiden. Zwiebel und Knoblauch schälen und fein hacken.

**2** Die Tomaten kurz in kochendem Wasser blanchieren, in Eiswasser abschrecken und die Schale abziehen.

**3** Das Toastbrot in lauwarmem Wasser kurz einweichen.

**4** Das Gemüse mit Toast, Tomatensaft, CBD-Speiseöl, Zitronensaft und etwas Salz, Pfeffer, Paprikapulver und Oregano pürieren. Sollte die Suppe zu dick sein, etwas Wasser hinzufügen.

**5** Den Gazpacho zum Durchziehen mindestens für 2 Stunden, besser aber über Nacht in den Kühlschrank stellen.

**6** Vor dem Servieren etwas Honig einrühren und mit Basilikum und Hanfsamen bestreuen.

# SOMMERSALAT MIT HANF-PARMESAN-CHIPS

*Ein Salat ist immer eine gute Idee, ob als Beilage oder als Hauptspeise. Gerade im Sommer ist er erfrischend, nicht zu schwer und versorgt uns mit wichtigen Nährstoffen und Vitaminen. Dieser Salat macht sich ausgezeichnet als Beilage zu gegrilltem Käse oder Fleisch, aber auch Falafeln, Fisch oder einfach pur.*

**Für 4 Portionen**
**Zubereitungszeit: 15 Minuten**

**1 Portion enthält**
487 kcal/2021 kJ, 17 g KH, 21 g E, 36 g F

**Zutaten**

- 6 Tomaten
- 1 Gurke
- 1 rote Paprikaschote
- 1 gelbe Paprikaschote
- 3 Frühlingszwiebeln
- 1 Bund Petersilie
- 5 Stiele Minze
- 3 Limetten
- 4 EL CBD-Speiseöl (Olivenöl als Basis)
- Salz
- Pfeffer
- 1 TL brauner Zucker
- Für die Parmesanchips
- 150 g Parmesan
- 4 EL Hanfsamen

## Zubereitung

**1** Das Gemüse waschen und putzen, Tomaten entkernen. Alles zusammen in kleine Würfel schneiden.

**2** Frühlingszwiebeln putzen und in feine Röllchen schneiden.

**3** Petersilie und Minze waschen und fein hacken.

**4** Limetten waschen und die Schale abreiben. Saft auspressen und mit Öl, Limettenabrieb, Salz, Pfeffer und braunem Zucker verrühren.

**5** Gemüse, Kräuter und Limettenvinaigrette mischen und für 30 Minuten ziehen lassen.

**6** Für die Parmesanchips den Parmesan reiben und mit einem Esslöffel kleine Häufchen auf ein mit Backpapier ausgelegtes Blech geben. Mit den Hanfsamen bestreuen. 7–10 Minuten bei 200 °C (Umluft) backen, bis der Käse zerlaufen und goldbraun ist.

**7** Salat abschmecken und mit den Parmesanchips servieren.

# SALAT MIT ZIEGENKÄSE UND KARAMELLISIERTEN WALNÜSSEN

*Ein einfacher, leichter Salat mit einem besonderen Kick – den kann man auch seinen Gästen servieren. Der Ziegenkäse bringt etwas Würze und die karamellisierten Walnüsse eine feine Süße. Lassen Sie es sich schmecken!*

**Für 4 Portionen**
**Zubereitungszeit: 30 Minuten**

**1 Portion enthält**
624 kcal/2595 kJ, 42 g KH, 13 g E, 44 g F

## Zutaten

- 100 g Zucker
- 30 Walnusskernhälften
- 4 EL CBD-Speiseöl (Olivenöl als Basis)
- 2 EL flüssiger Honig
- 2 EL mittelscharfer Senf
- 1 TL Thymian
- 2 TL geschälte Hanfsamen
- 1 Rolle Ziegenkäse (150 g)
- 1 säuerlicher Apfel
- 300 g Cherrytomaten
- 300 g Salatmischung mit Babyspinat, Mangold oder Feldsalat
- 1 Romanasalat
- Salz
- Pfeffer

## Zubereitung

1 In einer beschichten Pfanne bei mittlerer Hitze den Zucker in 3 EL Wasser schmelzen und leicht braun werden lassen. Walnusskerne dazugeben und im Karamell wenden, bis alles gut bedeckt ist. Zur Seite stellen und etwas abkühlen lassen.

2 Den Backofen auf 180 °C (Ober-/Unterhitze) vorheizen. Den Apfel waschen, das Kerngehäuse ausstechen und in etwa 0,5 cm dicke Scheiben schneiden. Den Ziegenkäse ebenfalls in Scheiben teilen. Die Apfelscheiben auf einem mit Backpapier belegten Blech verteilen und jeweils eine Scheibe Käse darauflegen. 8–10 Minuten backen, bis der Käse geschmolzen ist.

3 Für das Dressing in einer kleinen Schüssel Öl mit Senf und Honig vermischen, Thymian und Hanfsamen dazugeben.

4 Tomaten und Salate waschen und putzen. Die Tomaten würfeln und den Romanasalat zerpflücken. Das Dressing untermischen.

5 Salat mit Ziegenkäse auf vier Tellern anrichten. Mit den Walnüssen garnieren.

# FLADENBROT MIT GEGRILLTEM GEMÜSE

*Wenn ein bisschen Urlaubsgefühl aufkommen soll, ist dieses Fladenbrot eine hervorragende Idee. Es ist schnell gemacht und super lecker – mit Oliven, sonnengtrockneten Tomaten, gebratenen Zucchini und Paprika, cremigem Feta frischer Petersilie und luftigem Brot. Als hätte man den ganzen Tag am Mittelmeerstrand verbracht.*

**Für 4 Portionen**
**Zubereitungszeit: 30 Minuten**

**1 Portion enthält**
614 kcal/2558 kJ, 49 g KH,
19 g E, 36 g F

**Zutaten**
- 3 rote Paprikaschoten
- 1 kleine Zucchini
- etwas Olivenöl zum Anbraten
- Salz
- Pfeffer
- Oregano
- 6 getrocknete Tomaten
- 80 g schwarze Oliven
- 250 g Feta
- 1 Bund Petersilie
- 1 kleines Fladenbrot
- 1 EL geröstete Hanfsamen
- 4 EL CBD-Speiseöl (Olivenöl als Basis)

## Zubereitung

1 Paprika waschen, putzen und in Streifen schneiden. Zucchini in nicht zu dünne Scheiben schneiden. Olivenöl in einer Pfanne erhitzen, darin Paprika und Zucchini etwa 10 Minuten anbraten. Mit Salz, Pfeffer und Oregano würzen.

2 Die getrockneten Tomaten in Streifen schneiden und die Oliven in kleine Würfel. Den Feta in dünne Scheiben teilen. Die Petersilie waschen und hacken.

3 Das Fladenbrot aufschneiden, beide Hälften jeweils in der Mitte durchschneiden und die vier Teile kurz antoasten. Das CBD-Öl auf die angetoastete Seite streichen. Dann mit Feta, den Oliven, den Hanfsamen, den Tomaten, dem gebratenen Gemüse und der Petersilie belegen und servieren.

# PIKANTE SALSA

*Ob zu mexikanischem Essen oder zu einem Filmabend mit Nachos: Ein gutes Salsa-Rezept kann man immer gebrauchen. Es passt zu Nachos oder Chips, zu Tacos oder Burritos, aber auch zu einem Grillteller.*

**Für 4 Portionen – ergibt etwa 500 ml**
**Zubereitungszeit: 15 Minuten**

**1 Portion enthält**
256 kcal/1064 kJ, 18 g KH, 5 g E, 18 g F

### Zutaten

- 4 Peperoni
- 1 rote Zwiebel
- 3 Knoblauchzehen
- 1 Dose Tomaten (400 g)
- 4 EL CBD-Speiseöl (Olivenöl als Basis)
- 1 EL Honig
- 1 EL Zitronensaft
- 1 EL Paprikapulver, geräuchert
- 1 TL Kreuzkümmel, gemahlen
- Salz
- Pfeffer
- 1 TL Hanfsamen

**Außerdem**

- Mixer oder Pürierstab
- Gläser mit Schraubdeckel

### Zubereitung

1 Zuerst die Peperoni in kleine Stücke schneiden. Wer nicht gern scharf isst, entfernt die Kerne.

2 Die Zwiebel schälen und hacken.

3 Eine Hälfte der gehackten Zwiebel mit Peperoni, Knoblauch und Dosentomaten kurz pürieren. Es sollten noch Stücke zu erkennen sein.

4 Das pürierte Gemisch zusammen mit den übrigen Zwiebeln, Öl, Honig und Zitronensaft in einem Topf erhitzen.

5 Mit Paprika, Kreuzkümmel, Salz und Pfeffer würzen.

6 Salsa einkochen lassen, bis sich die Soße reduziert hat. Sofort in saubere Gläser abfüllen.

7 Die Salsa zum Servieren mit Hanfsamen bestreuen.

**TIPP** Für eine vegane Variante ersetzen Sie den Honig durch Agavendicksaft.
Die Salsa hält sich im Kühlschrank einige Wochen.

# HANF-BASILIKUM-PESTO

*Das berühmteste Pesto ist das Pesto alla Genovese, das wir hier ein bisschen adaptiert haben. Die wichtigsten Bestandteile sind Basilikum, Pinienkerne, Parmesan, Olivenöl – und in unserem Fall Hanf.*

**Für 2 Portionen – ergibt etwa 250 ml**
**Zubereitungszeit: 15 Minuten**
**Ruhezeit: über Nacht**

### 1 Portion enthält

773 kcal/3186 kJ, 4 g KH, 16 g E, 77 g F

### Zutaten

- 50 g Basilikumblätter
- 1 Knoblauchzehe
- 30 g Pinienkerne
- 20 g Hanfsamen
- 2 TL Meersalz
- 2 EL CBD-Speiseöl (Olivenöl als Basis)
- 100 ml natives Olivenöl
- 40 g Parmesan

**Außerdem**

- Mixer oder Pürierstab

## Zubereitung

1 Basilikumblätter und Knoblauchzehe fein hacken.

2 Eine beschichtete Pfanne erhitzen, darin Pinienkerne und Hanfsamen anrösten.

3 Basilikum, Knoblauch, Pinienkerne, Hanfsamen, Salz und Öle pürieren.

4 Den Parmesan reiben und zum Schluss unterheben, er sorgt für die grobe Konsistenz.

5 Das Pesto eine Nacht im Kühlschrank durchziehen lassen.

**TIPP** Im Kühlschrank hält sich das Hanf-Basilikum-Pesto mehrere Wochen.

# HANF-OBADZDA

*Obadzda ist die perfekte bayrische Brotzeit und passt hervorragend zu Brezen – für Fleischliebhaber auch zu Weißwurst oder Leberkäs. Wir haben dem klassischen bayrischen Gericht einen neuen Anstrich verpasst.*

Für 4 Portionen
Zubereitungszeit: 10 Minuten

1 Portion enthält
651 kcal/2692 kJ, 4 g KH, 24 g E, 59 g F

## Zutaten

- 400 g reifer Camembert
- 150 g Frischkäse
- 40 ml CBD-Speiseöl (Olivenöl als Basis)
- 1 TL Rosenpaprika
- Kümmelsamen
- 1 rote Zwiebel
- ca. 40 ml Weißbier
- Salz
- Pfeffer
- Schnittlauch
- geschälte Hanfsamen

## Zubereitung

**1** Den Camembert in kleine Stücke zerpflücken und mit Frischkäse und Öl vermischen. Mit Paprika und Kümmel würzen, wer mag, kann den Kümmel vorher zerstoßen.

**2** Die Zwiebel schälen, sehr fein hacken und zur Mischung geben.

**3** Nun Weißbier zugeben, bis der Obadzda die richtige Konsistenz hat. Daher immer nur einen kleinen Schluck dazugeben, mit einer Gabel unterrühren und aufhören, bevor der Obadzda zu flüssig ist. Wie viel Bier benötigt wird, hängt auch von der Reife des Camemberts ab.

**4** Mit Salz und Pfeffer abschmecken und mit Schnittlauch und den geschälten Hanfsamen garnieren.

**TIPP** Am intensivsten schmeckt Obadzda mit vollreifem Camembert. Je nach Geschmack können Sie auch eine mildere Sorte verwenden.

# HUMMUS

Für 4 Portionen
Zubereitungszeit: 5 Minuten

**1 Portion enthält**
354 kcal/1466 kJ, 16 g KH, 10 g E, 27 g F

**Zutaten**
- 400 g Kichererbsen (Glas oder Dose)
- 2 EL geschälte Hanfsamen
- 4 EL Tahini (Sesampaste)
- 4 EL CBD-Speiseöl (Olivenöl als Basis)
- 2 Knoblauchzehen
- 1 TL Kreuzkümmel, gemahlen
- Salz
- Pfeffer
- etwas Olivenöl zum Konservieren

**Außerdem**
- Mixer

*Hummus ist eine orientalische Paste aus Kichererbsen und Sesammus. Inzwischen ist die leckere Paste auch in Deutschland sehr beliebt – sie passt hervorragend zu Falafel, Fladenbrot und mediterranem Gemüse, macht aber auch auf dem klassischen Abendbrottisch eine gute Figur. Das vegane Grundrezept kann beliebig erweitert werden.*

## Zubereitung

1 Die Kichererbsen abtropfen lassen.

2 Kichererbsen, Hanfsamen, Tahini, 3 EL sehr kaltes Wasser, CBD-Speiseöl und Knoblauchzehen in einen Mixer geben und alles fein pürieren.

3 Den Hummus mit Salz, Pfeffer und Kreuzkümmel würzen.

4 In ein Glas oder eine Schale füllen, mit einer Schicht Olivenöl bedecken und im Kühlschrank aufbewahren.

**TIPP** Mit dem Öl versiegeln Sie den Hummus, so hält er sich bis zu 3 Tage im Kühlschrank. Zum Servieren und Verfeinern eignen sich gehackte Petersilie, Chiliflocken, Paprikapulver oder geröstete Pinienkerne.

# KARTOFFELSUPPE

*Die Kartoffelsuppe ist ein Klassiker der deutschen Küche: Von allen gemocht, schnell gemacht, günstig zubereitet und satt macht sie auch noch. Jeder Regentag wird besser, wenn eine hausgemachte Kartoffelsuppe von innen wärmt. Wir haben den Klassiker etwas abgewandelt.*

**Für 4 Portionen**
**Zubereitungszeit: 15 Minuten**
**Kochzeit: ca. 20 Minuten**

**1 Portion enthält**
673 kcal/2805 kJ, 54 g KH, 22 g E, 39 g F

## Zutaten

- 1 kg Kartoffeln (mehligkochend)
- 4 Möhren
- 1 Lauchstange
- 1 Zwiebel
- etwas Olivenöl zum Anbraten
- Salz
- Pfeffer
- Majoran
- Bohnenkraut
- 1 l Gemüsebrühe
- 4 Wiener Würstchen (oder Räuchertofu)
- 1 Bund Petersilie
- 4 EL CBD-Speiseöl (Oliven-, Sonnenblumen-, Distel- oder Rapsöl als Basis)
- 4 TL geröstete Hanfsamen

## Zubereitung

1 Die Kartoffeln schälen und in kleine Stücke schneiden. Möhren und Lauch putzen und klein schneiden. Zwiebel schälen und hacken.

2 In einem großen Topf das Olivenöl erhitzen, darin die Zwiebel anschwitzen. Gemüse zugeben und mit Salz und Pfeffer würzen. Majoran und Bohnenkraut hinzufügen.

3 Mit der Gemüsebrühe ablöschen und 15 Minuten köcheln lassen.

4 Würstchen oder Tofu in Stücke schneiden, die Petersilie waschen und hacken. Die Hälfte der gehackten Petersilie zusammen mit den Würstchen oder dem Tofu und dem CBD-Speiseöl in die Suppe geben und kurz ziehen lassen.

5 Die Suppe mit der übrigen Petersilie und jeweils 1 TL Hanfsamen bestreut servieren.

# HAUPTGERICHTE

## HANFRISOTTO MIT PILZEN

**Für 2 Portionen**
**Zubereitungszeit: 40 Minuten**

**1 Portion enthält**
765 kcal/2356 kJ, 43 g KH,
21 g E, 33 g F

**Zutaten**

- 2 Schalotten
- 1 Knoblauchzehe
- 40 ml Olivenöl
- 200 g Risottoreis
- 100 ml Weißwein
- 400 ml Gemüsebrühe
- 50 g Parmesan
- 20 ml CBD-Speiseöl (Olivenöl als Basis)
- 25 g Hanfsamen
- 300 g Pilze (Champignons, Steinpilze oder Pfifferlinge)
- 1 Bund Petersilie
- Salz
- Pfeffer
- Muskat

*Wie andere Highlights der italienischen Küche ist auch der Risotto ein Gericht aus wenigen Zutaten, schnell und einfach in der Zubereitung und bringt Urlaubsfeeling auf den Tisch. Wir haben den Klassiker mit Hanfsamen und unserem CBD-Speiseöl verfeinert*

### Zubereitung

1 Schalotten und Knoblauch schälen und fein hacken.

2 1 EL Olivenöl in einem Topf erhitzen, darin Schalotten und Knoblauch zusammen mit dem Reis kurz anschwitzen. Mit Weißwein ablöschen und unter Rühren einkochen lassen. Dann nach und nach die Gemüsebrühe angießen und unter Rühren ca. 15 Minuten köcheln lassen.

3 Den Parmesan reiben. Parmesan, CBD-Speiseöl und Hanfsamen unter den Reis rühren und den Risotto mit geschlossenem Deckel ziehen lassen.

4 Pilze putzen und in grobe Stücke teilen. Petersilie waschen und hacken.

5 Das restliche Olivenöl in einer Pfanne erhitzen, darin die Pilze kurz andünsten. Einige Pilze zur Seite legen, die restlichen Pilze mit einem Teil der Petersilie unter den Risotto heben und mit Salz, Pfeffer und Muskat würzen.

6 Mit Pilzen und Petersilie garnieren und sofort servieren.

# HANF-OFENGEMÜSE

*Ofengemüse ist unwahrscheinlich vielseitig: Es schmeckt als Hauptgericht mit Dips und Soßen, schmeckt an Sommertagen zum Grillen und wärmt die Seele, wenn es im Winter schneit und stürmt. Und vegan ist es auch noch. Unser Rezept schmeckt zu jeder Jahreszeit – Sie können es aber gern mit saisonalen Zutaten erweitern.*

Für 4 Portionen
Zubereitungszeit: 15 Minuten
Garzeit: 20–30 Minuten

### 1 Portion enthält

318 kcal/1325 kJ, 29 g KH, 7 g E, 18 g F

### Zutaten

- 400 g Kartoffeln (mehligkochend)
- 1 gelbe Paprikaschote
- 1 Zucchini
- 1 Aubergine
- 3 Karotten
- 2 rote Zwiebeln
- 4 EL CBD-Speiseöl (Oliven- oder Sonnenblumenöl als Basis)
- 20 g Hanfsamen
- Paprikapulver
- Oregano
- Garam Masala
- Salz
- Pfeffer

## Zubereitung

1 Die Kartoffeln schälen, in Stücke schneiden und garen.

2 Paprika, Zucchini und Auberginen waschen, putzen und in grobe Stücke teilen. Karotten schälen und in Scheiben schneiden. Zwiebeln schälen und in Streifen schneiden.

3 Die Kartoffeln abgießen. Kartoffeln und Gemüse zusammen mit dem Öl, den Hanfsamen und den Gewürzen in eine große Tüte geben und gut schütteln, bis das Gemüse gut mit der Marinade bedeckt ist.

4 Ein Blech mit Backpapier belegen und das Gemüse darauf verteilen. Es soll nicht aufeinanderliegen.

5 Bei 180 °C (Umluft) 20–30 Minuten kross und goldgelb backen.

**TIPP** Dieses Rezept lässt sich beliebig variieren und der Saison und dem Vorratsschrank anpassen: Kürbis, Fenchel, Rote Beete, Pastinaken, Tomaten, Brokkoli, Blumenkohl, Süßkartoffeln, Artischocken und Grünkohl eignen sich ebenfalls hervorragend als Ofengemüse.

# HANFPASTA MIT SPINAT UND PILZEN

*Pasta passt einfach immer und wird von jedem geliebt. Selbstgemacht und mit etwas Hanf angereichert, schmeckt sie sogar noch besser. Mit einer Soße aus frischem Spinat und scharf gebratenen Pilzen entsteht ein gesundes und leckeres Gericht.*

Für 4 Portionen
Zubereitungszeit: 15 Minuten
Ruhezeit: 30 Minuten
Garzeit: ca. 30 Minuten

### 1 Portion enthält

529 kcal/2209 kJ, 45 g KH, 19 g E, 28 g F

### Zutaten

**Für die Pasta**

- 200 g Hartweizengrieß
- 60 g Hanfmehl
- 1 EL CBD-Speiseöl (Olivenöl als Basis)
- 100 ml Wasser

**Für die Soße**

- 400 g frischer Spinat
- 400 g weiße oder braune Champignons
- 2 Schalotten
- 2 Knoblauchzehen
- 3 CBD-Speiseöl (Olivenöl als Basis)
- Salz
- 100 ml Schlagsahne oder pflanzliche Sahne
- Pfeffer
- 1 EL Sojasoße
- 1 Spritzer Zitronensaft

**Außerdem**

- Pastamaschine oder Nudelholz

## Zubereitung

1 Alle Zutaten für die Hanfnudeln zu einem glatten Teig kneten. In Folie eingewickelt etwa 30 Minuten im Kühlschrank ruhen lassen.

2 Inzwischen den Spinat waschen und die Pilze putzen. Schalotten und Knoblauchzehen schälen und fein hacken.

3 Den Nudelteig aus dem Kühlschrank nehmen und mit Hilfe der Nudelmaschine oder eines Nudelholzes sehr dünn ausrollen und zu 1 cm breiten Streifen schneiden.

4 In einer Pfanne das CBD-Speiseöl erhitzen. Schalotten und Knoblauch darin glasig dünsten, Pilze zugeben und kräftig anbraten.

5 In einem großen Topf Salzwasser zum Kochen bringen, darin die Nudeln bissfest kochen.

6 Spinat zu den Pilzen geben und garen, bis er zusammengefallen ist. Mit der Sahne ablöschen und mit Salz, Pfeffer, Sojasoße und Zitronensaft würzen.

7 Die Nudeln abgießen und sofort mit der Soße servieren.

# LACHS AUF HANF MIT OFENKARTOFFELN

*Saftiger, aromatischer Lachs mit knusprigen Ofenkartoffeln klingt nach Essen, das der Seele gut tut. Wir geben dem klassischen Rezept einen Twist mit den besten Produkten aus der Hanfpflanze.*

Für 4 Portionen
Zubereitungszeit: 15 Minuten
Backzeit: 45 Minuten

### 1 Portion enthält

588 kcal/2451 kJ, 21 g KH,
40 g E, 38 g F

### Zutaten

**Für die Ofenkartoffeln**

- 400 g Kartoffeln (mehligkochend)
- 4 EL CBD-Speiseöl (Olivenöl als Basis)
- Salz
- Pfeffer
- Paprikapulver edelsüß
- Rosmarin
- Thymian
- 1 EL geröstete Hanfsamen

**Für den Lachs**

- 4 Lachsfilets mit Haut
- etwas Hanfprotein
- 1 unbehandelte Zitrone
- 1 Knoblauchzehe
- 2 Zweige Rosmarin
- 2 Zweige Thymian
- 4 EL Olivenöl

**Außerdem**

- Bräter oder Alufolie

**TIPP** Dazu passt ein frischer Salat oder auch ein Dip oder Kräuterquark.

### Zubereitung

1 Die Kartoffeln schälen, vierteln und in eine Schüssel geben. Das CBD-Öl zusammen mit den Kräutern und Gewürzen (ohne die Hanfsamen) zu den Kartoffeln geben und alles gut mischen.

2 Kartoffeln in eine Auflaufform geben oder auf einem mit Backpapier belegten Blech verteilen und bei 180 °C (Umluft) etwa 40 Minuten goldbraun backen.

3 Inzwischen den Lachs vorbreiten, er kommt etwa nach der Hälfte der Zeit in den Ofen: Die Lachsfilets waschen und trocken tupfen. Die Hautseite einmal auf einen Teller mit Hanfprotein setzen und das überschüssige Hanfprotein abklopfen.

4 Die Zitrone in acht Scheiben schneiden, Knoblauch schälen und in vier Scheiben schneiden.

5 Die Lachsfilets in einen Bräter legen. Jedes Filet mit zwei Zitronenscheiben, einer Knoblauchscheibe und einem halben Zweig Rosmarin und Thymian belegen, mit 1 EL Olivenöl beträufeln und den Bräter verschließen. Alternativ können Sie auch vier einzelne Lachspäckchen in Alufolie packen. Lachs in den Ofen geben und etwa 25 Minuten garen.

6 Die gerösteten Hanfsamen über die Kartoffeln streuen und alles sofort servieren.

# HANFPIZZA

**Für 4 Portionen, ergibt 2 Pizzen**
**Zubereitungszeit: 20 Minuten**
**Ruhezeit: 2 Stunden**
**Backzeit: 30–40 Minuten**

1 Portion enthält
584 kcal/2458 kJ, 86 g KH,
18 g E, 17 g F

### Zutaten

**Für den Pizzateig**

- 1 Würfel Hefe
- 1 Prise Zucker
- 450 g Mehl
- 50 g Hanfmehl
- 1 Prise Salz
- 2 EL CBD-Speiseöl (Olivenöl als Basis)

**Für die Soße**

- 150 g passierte Tomaten
- 2 EL Tomatenmark
- 2 EL CBD-Speiseöl (Olivenöl als Basis)
- Rosmarin
- Oregano
- Basilikum
- Salz
- Pfeffer

**Für den Belag nach Wunsch**

- Gouda, Mozzarella
- Paprikaschoten, Zucchini
- Thunfisch, Sardellen
- Schinken, Salami
- Rucola

*Pizza geht immer. Sie ist unkompliziert, variabel und passt zu (fast) jedem Anlass. Selbstgemacht und mit etwas Hanf aufgepeppt, schmeckt sie fast besser als beim Lieblingsitaliener.*

## Zubereitung

1 Die frische Hefe in 250 ml lauwarmes Wasser bröseln, mit dem Zucker verrühren und 10 Minuten gehen lassen.

2 In einer großen Schüssel die beiden Mehlsorten mit dem Salz vermischen. Das Hefe-Wasser-Gemisch und das Öl hinzufügen und entweder mit dem Handrührgerät (ca. 5 Minuten) oder von Hand (ca. 10 Minuten) so lange kneten, bis ein glatter Teig entstanden ist.

3 Den Teig mit einem feuchten Tuch abdecken und an einem warmen Ort 2 Stunden gehen lassen.

4 In der Zwischenzeit für die Soße die passierten Tomaten mit Tomatenmark und CBD-Speiseöl verrühren und mit Kräutern sowie Salz und Pfeffer würzen.

5 Für den Belag die gewünschten Zutaten je nach Erfordernis reiben, in Stücke, feine Scheiben oder Streifen schneiden.

6 Den Teig in zwei Hälften teilen und jeweils zu einer runden Pizza ausrollen.

7 Mit der Soße bestreichen und mit Zutaten nach Wahl belegen. Die Pizzen im Ofen etwa 30–40 Minuten bei 180 °C (Umluft) backen.

# DESSERTS

## GESCHMORTE NEKTARINEN MIT QUARKCREME

**Für 4 Portionen**
**Zubereitungszeit: 5 Minuten**
**Backzeit: ca. 20 Minuten**

**1 Portion enthält**
335 kcal/1410 kJ, 44 g KH,
16 g E, 9 g F

**Zutaten**
- 8 Nektarinen
- 4 EL CBD-Speiseöl (Kokosöl als Basis)
- 2 EL Honig
- 250 g Quark
- etwas Milch
- 2 EL Honig
- 2 TL Vanilleessenz
- 1 TL geschälte Hanfsamen

*Mit diesem Rezept können Sie den Sommer schmecken. Das fruchtige Aroma der Nektarinen entfaltet sich durch den Schmorvorgang im Ofen und wird durch die erfrischende Quarkcreme hervorragend ergänzt. Ein Dessert ohne schlechtes Gewissen.*

### Zubereitung

1 Den Ofen auf 180 °C (Ober-/Unterhitze) vorheizen.

2 Das CBD-Speiseöl mit dem Honig verrühren.

3 Nektarinen halbieren und entkernen. In einer Schüssel mit dem Öl-Honig-Gemisch marinieren.

4 Nektarinenhälften mit der Schnittseite nach unten in eine Auflaufform legen, übrige Marinade darübergeben und etwa 20 Minuten im Ofen schmoren.

5 Den Quark mit etwas Milch glatt rühren, Honig und Vanilleessenz unterrühren.

6 Jeweils Nektarinen mit der Quarkcreme anrichten, mit den Hanfsamen bestreuen und noch warm servieren.

---

**TIPP** Wer möchte ,kann noch etwas italienische Cantuccini darüber geben.

---

# HAPPY BALLS

*Happy Balls sind Dattel-Hanf-Bällchen, die schon sehr viele Menschen im Café Canna glücklich gemacht haben. Sie gehören dort zu einem der meistgeorderten Gerichte. Die Balls sind vegan, zuckerfrei und voller guter Zutaten und geben eine ordentliche Portion Energie.*

**Für 2 Portionen à 5 Stück**
**Zubereitungszeit: 5 Minuten**

**1 Portion enthält**
481 kcal/2012 kJ, 53 g KH, 13 g E, 22 g F

**Zutaten**
- 150 g Datteln (bevorzugt Medjoul-Datteln)
- 50 g ganze Mandeln
- 1 EL Hanfsamen
- 1 TL Hanfprotein
- 1 EL Rohkakao
- 1 Prise Zimt
- 1 Prise Muskat
- 2 EL CBD-Speiseöl (Kokosöl als Basis)

**Für die Dekoration**
- Kokosraspeln

**Außerdem**
- Hochleistungsmixer oder Küchenmaschine

## Zubereitung

1 Entsteinte Datteln zusammen mit den anderen Zutaten in den Mixer oder die Küchenmaschine geben und zu einer gleichmäßigen Masse pürieren.

2 Mit der Hand zu kleinen Kugeln formen und in Kokosraspeln wälzen.

# KOKOS-CBD-SCHICHTDESSERT

*Ein Schichtdessert ist immer eine hervorragende Möglichkeit, um ein gutes Essen würdig abzuschließen. Es lässt sich super vorbereiten und einfach servieren.*

**Für 2 Portionen**
**Zubereitungszeit: 15 Minuten**
**Ruhezeit: 2 Stunden**

**1 Portion enthält**
436 kcal/1823 kJ, 46 g KH,
18 g E, 18 g F

**Zutaten**
- 250 g Quark
- 100 g Joghurt
- 30 g Kokosraspeln
- etwas Vanilleessenz
- 4 EL Zucker
- 2 EL CBD-Speiseöl (Kokosöl als Basis)
- 4 EL Backkakao
- 200 g Himbeeren (gefroren oder frisch)

**Außerdem**
- Mixer oder Stabmixer

## Zubereitung

**1** Quark mit Joghurt, Kokosraspeln, Vanilleessenz und 2 EL Zucker vermischen.

**2** In einem kleinen Topf das Kokosöl schmelzen lassen und mit dem Kakao und den verbliebenen 2 EL Zucker vermischen.

**3** Die Himbeeren pürieren und je nach Geschmack durch ein Sieb passieren.

**4** In zwei Dessertgläser oder -schälchen schichtweise einfüllen: Quarkmasse, Schokoladenmasse, Himbeerpüree, Quarkmasse etc.

**5** Vor dem Servieren mindestens 2 Stunden kalt stellen.

# KALTER HUND

*Kalter Hund ist ein Klassiker, der sich vor allem in der zweiten Hälfte des letzten Jahrhunderts großer Beliebtheit erfreute. Statt nur mit Kakao und Fett bereiten wir ihn mit richtiger Schokolade zu – und natürlich mit CBD-Speiseöl.*

**Für 15 Portionen**
**Zubereitungszeit: 20 Minuten**
**Ruhezeit: mindestens 5 Stunden**

**1 Portion enthält**
417 kcal/1736 kJ, 32 g KH, 5 g E, 29 g F

### Zutaten

- 150 g Zartbitterschokolade
- 450 g Vollmilchschokolade
- 150 g CBD-Speiseöl (Kokosöl als Basis)
- 150 g Schlagsahne
- 1 TL Vanilleessenz
- 250 g Vollkorn-Butterkekse

**Außerdem**

- Kastenform

## Zubereitung

1 Die Schokolade in Stücke hacken und zusammen mit CBD-Speiseöl, Sahne und Vanilleessenz im Wasserbad schmelzen. Kurz abkühlen lassen.

2 Die Kastenform mit Frischhaltefolie auslegen. Schokoladenmasse und Kekse abwechselnd einfüllen, mit der Schokoladenmasse beginnen.

3 Den Kalten Hund mindestens 5 Stunden im Kühlschrank kalt stellen – besser aber über Nacht.

# ANHANG

## Bezugsadressen

**Nutzhanf, Hanflebensmittel, CBD-Öle**
Café Canna Berlin
Lychener Straße 4
10437 Berlin
Tel. 030 23498412
www.cafecanna.de

**Kräuterladen**
Herbathek Berlin
Kollwitzstraße 76
10435 Berlin
Tel. 030 25797021
www.herbathek.com

**Heilkräuterapotheken**
Zietenapotheke Berlin
Großbeerenstraße 11
10963 Berlin
Tel. 030 5471690
www.zietenapotheke.de

Gethsemane Apotheke Berlin
Stargarder Straße 79
10437 Berlin
Tel. 030 44653370
www.gethsemane-apotheke.de

Schloss-Apotheke Koblenz
Schlossstraße 17
56068 Koblenz
Tel. 0261 9882550
www.schloss-apotheke-koblenz.de

Hofapotheke St. Afra am Dom
Hoher Weg 11
86152 Augsburg
Tel. 0821 343470
www.hofapotheke-augsburg.de

Kronen Apotheke Wuppertal
Berliner Straße 45
42275 Wuppertal
Tel. 0202 265250
www.kronen-apotheke-wuppertal.de

**Rohkakao in „Zeremonien-Qualität"**
Cacao Mama: www.cacaomama.com
Keith's Cacao: www.keithscacao.com
Heart Solution: www.heartsolution.de

## Internetseiten

Regelmäßig aktualisierter Beitrag zu Gegenanzeigen, Wechselwirkungen und potenziellen Nebenwirkungen von CBD: https://www.naturheilkunde-krebs.de/cannabidiol-cbd-bei-krebs/nebenwirkungen-und-wechselwirkungen-von-cannabidiol-cbd/

Über die medizinische Anwendung von CBD und anderen Cannabinoiden:
www.arbeitsgemeinschaft-cannabis-medizin.de

## Zum Weiterlesen

Mathias Bröckers, Jack Herer: Die Wiederentdeckung der Nutzpflanze Hanf. Nachtschatten Verlag, 43. Auflage 2017

Robert Clarke, Mark Merlin: Cannabis: Evolution and Ethnobotany. University of California Press, 2016

Franjo Grotenhermen, Markus Berger: Cannabidiol (CBD): Ein cannbishaltiges Compendium. Nachtschatten Verlag, 2015

Anne Wanitschek, Sebastian Vigl: Cannabis und Cannabidiol (CBD) richtig anwenden, humboldt-Verlag, 2018

Anne Wanitschek, Sebastian Vigl: Gesund mit heimischen Heilpflanzen, humboldt-Verlag, 2019

# Wissenschaftliche Publikationen

Cannabidiol. LiverTox: Clinical and Research Information on Drug-Induced Liver Injury. Bethesda (MD): National Institute of Diabetes and Digestive and Kidney Diseases; April 12, 2019

M. A. Huestis, R. Solimini, S. Pichini, R. Pacifici, J. Carlier, F. P. Busardò: Cannabidiol Adverse Effects and Toxicity. Curr Neuropharmacol. 2019;17(10):974–989

R. Likar, M. Köstenberger, G. Nahler: Cannabidiol bei Tumorerkrankungen. Schmerz. 2020;34(2):117–122

J. M. McPartland, G. W. Guy, V. Di Marzo: Care and feeding of the endocannabinoid system: a systematic review of potential clinical interventions that upregulate the endocannabinoid system. PLoS One. 2014;9(3):e89566

H. Meissner, M. Cascella: Cannabidiol (CBD). StatPearls. Treasure Island (FL): StatPearls Publishing; July 4, 2020.

E. B. Russo: Taming THC: potential cannabis synergy and phytocannabinoid-terpenoid entourage effects. Br J Pharmacol. 2011;163(7):1344–1364

C. Schluttenhofer, L. Yuan: Challenges towards Revitalizing Hemp: A Multifaceted Crop. Trends Plant Sci. 2017;22(11):917–929

H. J. VanDolah, B. A. Bauer, K. F. Mauck: Clinicians' Guide to Cannabidiol and Hemp Oils. Mayo Clin Proc. 2019;94(9):1840–1851

C. M. White: A Review of Human Studies Assessing Cannabidiol's (CBD) Therapeutic Actions and Potential. J Clin Pharmacol. 2019;59(7):923–934

**Bibliografische Information der Deutschen Nationalbibliothek**
Die Deutsche Nationalbibliothek verzeichnet diese Publikation in der deutschen Nationalbibliografie; detaillierte bibliografische Daten sind im Internet über http://dnb.ddb.de/ abrufbar.

**ISBN 978-3-8426-2980-6 (Print)**
**ISBN 978-3-8426-2981-3 (PDF)**
**ISBN 978-3-8426-2982-0 (EPUB)**

**Abbildungen:**
*Titelmotiv:* Anne Brünnert, Shutterstock.com/Irina_iris
*Anne Brünnert:* 35, 39, 41, 80/81, 83, 89, 91, 93, 95, 101, 103, 105, 107, 111, 113, 115, 119, 121, 123, 125, 129, 131
Stock.adobe.com: CNuisin 2, 3, 42, 43; yavdat: 6/7; HQUALITY: 11; About time: 13, 21; rdnzl: 45; ironsv: 47; Chiricenco A.: 49; vectorwin: 52, 55 (oben), 58 (oben); fotofabrika: 53; Soyka: 55 (unten); nolonely: 58 (unten); EpicStockMedia: 61 (unten); M.studio: 66; nadianb: 70; New Africa: 73; cendeced: 77; Denira: 97; Bart: 127

Originalausgabe

Die Ratgebermarke der Schlüterschen Verlagsgesellschaft mbH & Co. KG
Hans-Böckler-Allee 7, 30173 Hannover
www.humboldt.de
www.schluetersche.de

Aus Gründen der besseren Lesbarkeit wurde in diesem Buch die männliche Form gewählt, nichtsdestoweniger beziehen sich Personenbezeichnungen gleichermaßen auf Angehörige des männlichen und weiblichen Geschlechts sowie auf Menschen, die sich keinem Geschlecht zugehörig fühlen.



Lektorat: Annette Gillich-Beltz, Essen
Covergestaltung: ZERO, München
Layout und Satz: Die Feder, Konzeption vor dem Druck GmbH, Wetzlar
Druck und Bindung: Gutenberg Beuys Feindruckerei GmbH, Langenhagen